Peter K. Keller: Das kleine Buch der Lebenskunst

Verlag Via Nova

Peter K. Keller

Das kleine Buch der Lebenskunst

Lebensweisheit, die wir in der Schule nicht lernten

vianova
Verlag Via Nova

1. Auflage 2008
Verlag Via Nova, Alte Landstr. 12, 36100 Petersberg
Telefon: (06 61) 6 29 73
Fax: (06 61) 96 79 560
E-Mail: info@verlag-vianova.de
Internet: www.verlag-vianova.de
Umschlag: Stefan Hilden Produkt- & Grafik Design, München
Satz: Sebastian Carl
Druck und Verarbeitung: Fuldaer Verlagsanstalt, 36037 Fulda

ISBN 978-3-86616-096-5

Inhaltsverzeichnis

Du wurdest geboren,
um eine große Aufgabe zu erfüllen.
Die Geschichten helfen Dir dabei,
Deine inneren Saboteure,
die Dich daran hindern wollen,
zu besiegen.

Danksagung

Ich betrachte alle Menschen, denen ich in meinem Leben begegnen durfte, als meine Lehrer. Sie alle haben ihren Beitrag zu diesem Buch geleistet, und ich möchte ihnen auf diesem Wege danken.

Meinem Verleger und allen seinen Mitarbeitern danke ich für die gute Zusammenarbeit und für die schöne Ausgabe dieses Buches.

Besonders danke ich meiner Frau, die mich bei allen Arbeiten unermüdlich unterstützte. Ohne sie wäre das Buch nicht zustande gekommen.

Vorwort

Unser menschliches Leben gleicht dem Überqueren eines gewaltigen Ozeans mit gefährlichen Sturmfluten, mörderischen Klippen und vielen anderen Gefahren. Wer aber hat uns auf dieses Abenteuer vorbereitet!?

Wir haben weder den Umgang mit uns selbst noch den Umgang mit anderen oder dem Umfassenden gelernt. Unser Bildungswesen hat zwar viele Studienzweige, nur für das Leben selbst gibt es keinen. Ist es da ein Wunder, wenn wir uns oft kaum über Wasser halten können?

Das Buch will Dir für Deine ganz persönliche Odyssee praktische Lebens- und Überlebensstrategien für den Alltag an die Hand geben. So fällt es Dir leichter, Dein Lebensschifflein trotz aller Schwierigkeiten sicher in den Zielhafen zu steuern.

Einleitung

Unser Körper kann von keinem Wissenschaftler erschaffen, unser Geist von keinem Computerfachmann ins Leben gerufen werden. Unsere Seele ist von niemandem zu begreifen. All das wurde uns als ein kostbares „Gefährt" bei unserer Geburt mitgegeben, damit wir unsere Lebensreise erfolgreich ausführen können. Aber leider haben wir für diese große Gabe keine Gebrauchsanweisung mitbekommen.

Nun glauben viele, dass unsere Erziehung und Bildung dafür zuständig seien. Sie stellen an uns aber nur äußere Anforderungen statt innere Herausforderungen. Wir erfahren etwas von fernen Zeiten, fremden Ländern und längst Verstorbenen, wir hören von Kriegen, die vor Jahrhunderten stattfanden, aber wir lernen nicht, wie wir heute Kriege vermeiden können.

Der gesamte Bildungsstoff beschäftigt sich mit dem Äußeren. Niemand lässt uns erleben, wer wir sind, was wir vermögen, welche Schwierigkeiten uns erwarten und wie wir sie bewältigen können. Freilich hören wir irgendwann einmal im Geschichtsunterricht das Wort „Erkenne dich selbst". Aber wer hat diesen Prozess erlebt, und wer kann uns diesen Weg weisen?

In „primitiven" Völkern zeigt der Vater seinen Kindern, worauf es im Leben ankommt. Im Zeitalter des Materialismus fällt es uns schwer, das Wesentliche vom Unwesentlichen zu unterscheiden. So steigen wir eines Tages in unser Lebensfahrzeug ein, ohne die geringste Ahnung zu haben, wie wir es bedienen müssen. Wir wissen nicht, wie wir kuppeln, bremsen und Gas geben sollen.

Kein Wunder, wenn sich auf allen Gebieten unseres Lebens Unfälle ereignen. Wir scheitern in unseren Beziehungen, wir werden krank, weil wir weder unseren Körper, unseren Geist noch unsere Seele kennen. Wir können nicht mit unseren Gedanken, Gefühlen und Handlungen umgehen. Das Lenkrad zur Lebensführung gleitet uns oft aus den Händen. In solcher Not vertrauen wir uns Ärzten, Juristen, Psychologen und Psychiatern an. Diese sind zwar auf ihrem Gebiet mehr oder weniger gute Fachleute, aber das Ganze überblicken sie in der Regel auch nicht. So geraten wir in weitere Sackgassen.

Ich kann Dir nichts geben, das hat der Schöpfer bereits reichlich getan. Das Buch will Dir ein gewisses Know-how für Deine Lebensfahrt vermitteln. Ich möchte Dir den Schlüssel für Deine Schätze zeigen, die Du vergessen hast oder die man Dir ausgeredet hat. Ich habe alles selbst ausprobiert, und es hat mir und vielen Menschen bereits enorm geholfen. Für unsere wichtigsten Probleme habe ich kurze, meist bildhafte Erzählungen und Anleitungen mit einer praktisch anwendbaren Zusammenfassung geschrieben.

Du kannst das Buch wie ein Lexikon benutzen und so die gewünschten Probleme schnell herausgreifen. Du musst nicht gleich das ganze Buch lesen. Wenn Du aber alles durchliest, wirst Du auf Probleme stoßen, die Dir noch gar nicht bewusst sind. Du kannst dann an ihrer Lösung arbeiten, bevor die Probleme bedenklich anwachsen. Mit diesen Geschichten führst Du nicht nur einen Dialog mit mir, sondern vor allem mit Dir selbst. Du erkennst Deine Schwierigkeiten und findest Lösungen.

Vom „Umgang mit uns selbst" gelangen wir zum „Umgang mit unseren Mitmenschen", bis wir schließlich zum „Umfassenden" heimfinden. Wir alle sind hier auf der Welt, um Probleme zu lösen. Unser Glück hängt davon ab, wie weit uns das gelingt. Gehe alles wie ein Sportler an, den es reizt, Schwierigkeiten zu überwinden und Herausforderungen anzunehmen.

Ich wünsche Dir viel Spaß beim Spiel des Lebens, bei dem Du immer Sieger sein wirst und bei dem es niemanden zu besiegen gibt außer Dich selbst. Mit der Zeit entwickelst Du dann eigene Strategien, denn alles liegt in Dir!

A.

Umgang mit uns selbst

Die wenigsten von uns können mit sich selbst richtig umgehen. Entweder überschätzen sie sich maßlos oder sie kennen ihren eigenen Selbstwert nicht.

Meinen Seminarteilnehmern sage ich immer wieder: „Ihr selbst müsst eure größten Liebhaber und eure schärfsten Kritiker sein. Mit diesen beiden Schwingen könnt ihr euch in höchste Höhen erheben."

Bauern und Gärtner wissen, dass sie nur das ernten können, was sie zuvor gesät haben. Dazu müssen sie ständig das wuchernde Unkraut beseitigen. Auch wir müssen ununterbrochen „Unkraut" jäten, unsere inneren Saboteure besiegen und das säen, was wir ernten wollen.

Der rechte Umgang mit uns selbst führt uns zum rechten Umgang mit anderen. Nur wer Selbsterkenntnis besitzt, kann auch seine Mitmenschen erkennen und auf sie eingehen. Bereits im Altertum wusste man: „Erkenne dich selbst."

Gefahren der Abstraktion

Das lateinische Wort „Abstraktion" heißt wörtlich übersetzt „Wegziehen".

Alle unsere Worte entstanden zunächst in enger Verbundenheit mit den Dingen. In der Schule lernen die Kinder das Lesen und Schreiben der ersten Wörter immer in Verbindung mit den Gegenständen. Der Lehrer bringt z. B. einen Apfel mit und schreibt das Wort an die Tafel. So bleibt es keine leere Hülse, sondern wird von Anfang an mit lebendigem Inhalt gefüllt. Für keinen Lehrer ist es aber möglich, beim Wort „Elefant" einen Elefanten mitzubringen. Hier ersetzt dann ein Bild anschaulich den Gegenstand.

Je weiter unsere Bildung fortschreitet, umso weniger verwendet sie Dinge und Bilder. Allmählich dominiert nur noch das Wort, d. h., wir abstrahieren. Wir ziehen das Wort vom Gegenstand ab. Das bringt natürlich viele Vorteile mit sich, aber auch enorme Nachteile.

Ein Hochschullehrer bringt sicher keine Gegenstände mehr mit. Er treibt mehr oder weniger „Verbalakrobatik". Die Anschaulichkeit wird geringer. Und mit dieser schwindenden Anschaulichkeit leidet auch die Wahrheit. Hinter den Worten steht immer weniger, man kann sie nach Belieben auswechseln. Es droht eine Wortinflation.

Betrachten wir einmal verschiedene Berufe, so können wir interessante Beobachtungen machen. Ein Bauer z. B. hat immer mit konkreten Dingen zu tun. Seine Worte werden mit den Taten übereinstimmen. Er denkt nicht abstrakt, sondern sehr konkret. Politiker und viele andere Berufsgruppen hingegen verfahren abstrakter. Dabei entsteht leicht die Gefahr, dass sie sich von den Tatsachen entfernen. So stehen diese Menschen oft viel weniger zu ihrem Wort und erschüttern ihre Glaubhaftigkeit. Reden und Tun klaffen weit auseinander. Das geschieht nicht einmal aus Böswilligkeit, sondern durch die abstrakte Denkweise.

Für uns ist es wichtig, diese Gefahren in unserem Leben zu erkennen, damit wir mit unserem Denken, Fühlen und Reden bei der Wahrheit bleiben. Wie oft ist es uns schon passiert, dass unsere Taten nicht mit unseren Worten übereinstimmten. Zeitweilig können wir damit Erfolg haben, auf lange Sicht aber werden wir scheitern.

Abstraktes Denken ist oft von Vorteil und lässt uns leichter Zusammenhänge erkennen.
Bei Missbrauch jedoch besteht die Gefahr, dass wir den Gegenstand aus dem Auge verlieren und uns von der Wahrheit entfernen.

******Ich setze gegenständliches und abstraktes Denken sinnvoll ein.***

Der Atem als Konzentrationshilfe

Vielen von uns fällt es schwer, sich längere Zeit auf etwas zu konzentrieren. Konzentration aber ist für jede Arbeit nötig. Ohne sie verlieren wir eine Menge Energie und Zeit und kommen nicht voran.

Du hast sicher als Kind schon einmal die Sonne durch ein Brennglas auf ein Papier scheinen lassen. Nach einiger Zeit fing das Papier an zu brennen. Du hast nichts anderes getan, als die Sonnenstrahlen zu bündeln, und so erzieltest Du dieses erstaunliche Ergebnis. Dasselbe bewirkt unsere Konzentration im Leben. Sie bündelt unsere Energien. Wir fangen Feuer und erreichen mit Beharrlichkeit Ziele, die uns bisher unmöglich schienen.

Konzentration bedeutet, ein Ziel ins Auge zu fassen. Dieses Ziel müssen wir dann ausschließlich und ununterbrochen angehen. Es ist wie beim Autofahren. Wir entscheiden, wo wir hin wollen, und dann suchen wir auf der Karte die für uns beste Strecke aus und fahren entsprechend. Wer sich andauernd neue Ziele setzt, ohne das Vorgenommene erreicht zu haben, der gleicht einem Autofahrer, der ständig von seiner Route abweicht und so natürlich niemals an sein Ziel gelangt.

Unsere Bildung war nicht gerade auf Konzentration ausgerichtet. Das Viele und Vielerlei stand im Vordergrund. An einem Morgen in der Schule durchmaßen wir Jahrzehnte der Geschichte, reisten im Erdkundeunterricht nach Afrika, wurden mit Logarithmen gefüttert und hatten etliche Vokabeln und Grammatikregeln zu verdauen. Von Konzentration konnte keine Rede sein.

Wie können wir nun lernen, uns zu konzentrieren? Ich habe für mich herausgefunden, dass die Atmung die beste Hilfe für unsere Konzentration ist.

Normalerweise trottet unsere Atmung unseren verwirrten Gedankengängen und Selbstgesprächen hinterher und ist dabei ebenso chaotisch. Wenn wir hingegen den Atem ganz bewusst mit unseren Gedanken und Gefühlen verbinden, dann werden diese ruhiger und konzentrierter. Wir bekommen sie sozusagen besser in den Griff. Der wilde Strom unserer Gedanken erhält ein Flussbett, er wird kanalisiert und gebändigt.

Der Atem beruhigt die Gedanken, kontrolliert sie und bringt sie mit unserem Ziel in Einklang. Solch eine Konzentration ist nicht krampfhaft. Sie atmet vielmehr Freiheit und lässt uns nützliche und intuitive Einfälle zukommen.

Unsere Außenwelt verleitet uns zur Zerstreuung. Für jede erforderliche Arbeit jedoch ist Konzentration nötig. Verbinden wir unsere Gedanken mit bewusster Atmung, so schaffen wir eine gute Voraussetzung für die Konzentration.

******Ich nehme heute mit dem Atem das Steuer meines Lebens in die Hand.***

„Aufschieberitis" – eine weit verbreitete Krankheit

Es gibt wohl kaum jemanden unter uns, der diesem „Laster" nicht schon Jahre oder gar Jahrzehnte gefrönt hat. Ein Philosoph schrieb einmal: „Wir alle schieben auf, und wir alle bereuen es." Wir können täglich hunderttausend Ausreden finden, um längst Fälliges doch wieder liegen zu lassen. Wir fühlen uns plötzlich nicht gut, das Finanzamt mahnt, im Geschäft gibt es Stress, und so schieben wir Dinge vor uns her oder kehren sie unter den Teppich. Aber nichts erledigt sich von alleine. Es tut sich immer nur das, was wir tun.

Jeder von uns hat seine besonderen Schwachpunkte, was die „Aufschieberitis" anbelangt. Die einen scheuen das In-Ordnung-Bringen des Äußeren, die anderen das innere Ordnungmachen. Es gilt für jeden, seine Knackpunkte zu finden und unverzüglich anzugehen. Wir meinen oft, es sei doch egal, ob etwas liegen bleibt, ob wir es heute oder erst in einigen Monaten anpacken. Solange keine ernsthafte Mahnung ins Haus stehe, spiele doch der Erledigungstermin keine Rolle. Weit gefehlt! Diese Beschwichtigung stellt eine selbstzerstörerische Verhaltensweise dar, die wir gerne großzügig übergehen. Und doch ist da der Wurm drin. Warum?

Alles, was unerledigt bleibt, ist in unserem „Lebenscomputer" gespeichert. Und das frisst Energie. Immer wieder denken wir daran, und dieser Denkvorgang kostet uns Kraft. All dieser unerledigte Kram schluckt also unsere Energie, die wir zur Bearbeitung des Aufgeschobenen leicht nutzen könnten. Wir tragen überflüssigen Ballast mit uns herum, Hirnzellen werden besetzt, das Unterbewusstsein belagert, und unser Körper verspannt sich mit der Zeit. So können wir unsere Arbeit nicht mit voller Kapazität ausführen, da unsere „Aufschieberitis" enorme Kräfte raubt. Unsere inneren Mitarbeiter sind unaufhörlich mit unerledigten Altlasten beschäftigt.

Aber nicht nur der Tag und die Tagesarbeit leiden beträchtlich darunter. Oft können wir nicht einschlafen, weil uns die Dinge, die nicht in Ordnung gebracht worden sind, nachgehen. Oder wir wachen mitten in der Nacht auf und denken plötzlich an all das Unerledigte. So zahlen wir für diese negative Gewohnheit einen hohen Preis.

Ein Tagesplan, auf dem unsere Arbeiten der Wichtigkeit nach aufgeführt sind, kann uns helfen. Drängt sich im Alltag etwas Neues herein, so sollte dies warten; es sei denn, es ist etwas von höchster Priorität.

Wenn wir Herr werden über die „Aufschieberitis", dann bekommen wir unser Leben besser in den Griff. Wir merken, dass wir alles immer mehr beherrschen und selbst von immer weniger beherrscht werden.

Durch „Aufschieberitis" gelangen wir in einen Teufelskreis. Besiegen wir sie, verfügen wir über mehr Energie.
Wir arbeiten dann am Tag konzentrierter und erfolgreicher und schlafen in der Nacht besser.

****Ich gehe heute unverzüglich meine „Aufschieberitis" an.**

Finde einen *Ausdruck* für Deine Eindrücke

Es ist unfassbar, wie viele Eindrücke wir täglich, ja stündlich verdauen müssen. In früheren Zeiten waren die Menschen nur einem winzigen Bruchteil davon ausgesetzt. Wir können zwar vor vielem unsere Augen verschließen, aber unsere Ohren sind ständig der Lärmbelästigung ausgesetzt.

So wie wir die unverdauliche Nahrung wieder ausscheiden, müssen wir auch für die vielen Eindrücke einen Ausdruck finden. Gelingt uns das über einen längeren Zeitraum nicht, belasten wir uns übermäßig und werden eines Tages krank.

Es gibt auf allen Gebieten Ausdrucksmöglichkeiten. Viele Menschen gehen nach langer sitzender Tätigkeit am Abend ins Fitnessstudio oder zum Joggen oder fahren Rad. Sport ist also eine gute Möglichkeit auf der körperlichen Ebene.

Auch auf der geistigen und seelischen Ebene gibt es für jeden etwas. Ideal ist es, wenn wir uns durch Schreiben, Malen oder Musizieren und Singen Ausdruck verschaffen können. Mit der Übung wächst die Kreativität.

Wenn wir abends müde sind, dann ergreifen wir meistens nicht mehr die Initiative. Wir hocken uns einfach vor den Fernseher und lassen uns berieseln. Und die Eindrücke wachsen weiter an. Du hast sicher schon erlebt, wie gut es Dir tut, wenn Du Dich überwindest und selbst tätig wirst.

So wie jedes Einatmen von einem Ausatmen gefolgt sein muss, so müssen den Eindrücken Ausdrücke folgen können, sonst „ersticken" wir. Ein geregelter geistiger und seelischer „Stuhlgang" ist ebenso notwendig wie ein körperlicher. Das vergessen wir nur allzu leicht.

Wir bleiben auf Dauer nur gesund, wenn wir für die täglichen Eindrücke einen entsprechenden Ausdruck finden.
Jeder von uns besitzt seine ganz persönlichen Ausdrucksmöglichkeiten.

***Ich verarbeite täglich die vielfältigen Eindrücke durch geeignete Ausdrucksmöglichkeiten.**

Brandstifter im eigenen Haus

Wer sein eigenes Haus in Brand setzt, wird für verrückt erklärt. Ähnlich verrückt aber verhalten wir uns selbst, wenn wir unser „Körperhaus" durch ungute Emotionen „entzünden".

Wissenschaftler haben nachgewiesen, dass Entzündungskrankheiten wie z. B. verschiedene Formen von Rheuma durch Wut und Zorn verursacht werden können. Da die körperlichen Symptome oft erst nach Jahren, ja sogar erst nach Jahrzehnten auftreten können, glauben viele von uns nicht mehr an einen Zusammenhang. Aber dessen ungeachtet bleibt die Tatsache dennoch bestehen.

Nur wenn wir lernen, unsere Gedanken und Gefühle zu kontrollieren, können wir vermeiden, dass wir auf dem „Scheiterhaufen" einer qualvollen Krankheit verbrennen müssen. Der amerikanische Arzt und Musiker Dr. John Diamond war mit seinem Buch „Die heilende Kraft der Emotionen" ein Pionier auf diesem Sektor. Heute gibt es auf dem Gebiet der Psychosomatik und Psychoneuro-Immunologie viele wegweisende Bücher, die diese Zusammenhänge klar aufzeigen.

Die moderne Psychologie nähert sich immer mehr den uralten Erkenntnissen der Weisheitslehren, welche den Menschen seit jeher sittliche Gebote und Werte für ein glückliches und gesundes Leben empfehlen. Immer wieder betonen sie, dass der Mensch gute Gewohnheiten und Eigenschaften entwickeln und pflegen solle. Die Überheblichkeit unseres Industriezeitalters glaubte sich großzügig darüber hinwegsetzen zu können. Die Folgen bekommen wir heute alle deutlich zu spüren.

Gute Eigenschaften wirken in uns als aufbauende Kräfte, während schlechte Eigenschaften selbstzerstörerisch sind. Mit technischen Errungenschaften und mit Geld können wir die Gesundheit weder erhalten noch wiederherstellen. Die beste Medizin und der beste Garant für unsere Gesundheit ist der Charakter, sind unsere Tugenden. Betrachten wir unser Leben, ohne uns zu verurteilen, einmal ehrlich, dann wird uns immer deutlicher bewusst, dass Krankheiten wichtige Lektionen für unsere geistige und seelische Entwicklung sind.

Lang anhaltender Zorn löst oft Entzündungskrankheiten aus. Wenn wir keine Brandstifter im eigenen Haus sein wollen, sollten wir gute Eigenschaften entwickeln und pflegen.

*****Ich schütze und erhalte meine Gesundheit durch positive Eigenschaften.**

Eindringlinge

Viele Hausbesitzer statten ihr Haus mit allen möglichen Alarmanlagen aus, um vor Einbrechern sicher zu sein. In den meisten Fällen erfüllen diese Anlagen auch ihren Zweck. Über die Gefahr der Eindringlinge aber, die sich als Gedanken und Gefühle in unsere Wohnung einschleichen, sind wir uns oft nicht im Klaren. Und dennoch können sie großes Unheil anrichten.

Schädliche Schwingungen können durch uns selbst oder Familienmitglieder, aber auch durch unangenehme Besucher in unser Haus gelangen. Zwar sind diese Eindringlinge nicht so deutlich sichtbar wie Einbrecher, aber sie sind dennoch spürbar. Wie atmen wir oft nach einem unerwünschten Besuch auf!

Wir „beschmutzen" unser Nest aber auch selbst, wenn wir Frust und Wut aus der Berufswelt mit nach Hause nehmen. Solche unsichtbaren Einflüsse sind oft die Ursache späterer Krankheiten. So wie wir unsere Wohnung nach ästhetischen Gesichtspunkten gestalten, so sollten wir auch wählen, welchen Gedanken und Gefühlen wir Einlass gewähren. Ich habe schon die schönsten Wohnungen gesehen, in denen unguter Gedankenmüll lagerte.

Wie sehr unsere Gedanken und Gefühle unseren Körper beeinflussen, sehen wir an den Vertretern der verschiedensten Berufsgruppen. Fast jeder Beruf prägt schließlich mit der Zeit den Menschen in seinem Aussehen. Ebenso prägen unsere immer wiederkehrenden Gedanken unsere gesamte Wohnatmosphäre. Wenn wir gesund und glücklich sein wollen, müssen wir auch das Unsichtbare in unserem Leben immer mehr beachten.

Wir überschätzen heute meist das, was wir sehen und begreifen können.
Aber das Unsichtbare ist letztlich die Ursache alles Sichtbaren. Wenn wir schlechte Gedanken und Gefühle in unsere Wohnatmosphäre hereinlassen, so wird das eines Tages negative Folgen haben.

*****Ich achte heute darauf, welche geistigen Einflüsse ich in meine Wohnung lasse.**

Einkehr

Betrachten wir Kirchenfenster von außen, so erscheinen sie oft blass und unscheinbar und enthüllen kaum etwas von ihrer leuchtenden Farbenpracht. Unterziehen wir uns aber der Mühe und kehren in den Innenraum der Kirche ein, so offenbart uns dasselbe Fenster ungeahnten Reichtum. Das Glasbild vermählt sich mit dem hereinströmenden Licht zu leuchtendem Leben. Auch unser Leben kann in einem neuen Licht erstrahlen, wenn wir bei uns selbst Einkehr üben.

Meist sind wir aber nach außen fixiert. Die gesamte Umwelt, insbesondere alle Massenmedien, unterstützen diese oberflächliche Sicht. Wir nehmen alles nur noch durch eine Zerstreuungslinse wahr und tasten lediglich die Außenfläche ab. So werden wir nicht mehr inne, sondern verlieren uns immer mehr im Äußeren.

Alle Weisheitslehrer haben uns den Weg nach innen gezeigt. Aber durch die verführerische äußere Fülle, die teilweise ans Schlaraffenland erinnert, wollen wir nicht mehr umkehren und einkehren.

Freilich dürfen wir uns im Inneren nicht abkapseln und vor der äußeren Realität verschließen. Wir sollten vielmehr eine Brücke zwischen unserer Innen- und Außenwelt schlagen.

Krankheit und Not, aber auch die großen Werke der Musik, Malerei und Literatur wollen uns heimführen, uns neue Einblicke und Ausblicke gewähren.

Die Lebenskunst besteht darin, sich weder im Inneren noch im Äußeren zu verlieren.

***Ich will heute eine Brücke bauen zwischen meiner Innenwelt und der Außenwelt.**

Beseitigen von *Energieblockaden*

Sicher können wir uns alle an Gipfelerlebnisse erinnern, bei denen wir vor Energie nur so sprühten. Wir hätten Bäume ausreißen können. Wir haben aber auch schon erlebt, dass wir zu schwach waren, einen Grashalm herauszuziehen. Warum sind wir manchmal himmelhochjauchzend und manchmal zu Tode betrübt?

Unsere jeweilige Energie entscheidet über das Stimmungshoch oder -tief. Durchströmt uns genügend Energie, so scheinen wir zu allem fähig zu sein, was wir uns vornehmen. Ist sie hingegen blockiert, so fällt uns die einfachste Arbeit schwer.

Die Psychosomatik hat nachgewiesen, dass negative Gedanken, Gefühle und Handlungen unseren Energiefluss hemmen, während Positives ihn anregt.

Bis vor wenigen Jahrzehnten glaubten die Psychologen noch, dass wir unseren Gedanken und Gefühlen hilflos ausgeliefert seien. Heute sagen uns die Wissenschaftler, dass wir selbst entscheiden können, was wir denken und fühlen. Jedoch erfordert dies wie alles im Leben ein konsequentes Training, um nicht immer wieder in alte Muster zurückzufallen.

Wir selbst entscheiden also, um mit der Technik zu sprechen, welchen Film wir einlegen, d. h., welche Gedanken und Gefühle wir wählen. So wie wir nicht dauernd ein unerwünschtes Bild anstarren müssen, so müssen wir auch nicht ständig auf unschönen Gedanken und Gefühlen „herumreiten".

In dem Moment, in dem wir Positives wählen, weicht augenblicklich unser „Energiewinter" einem Frühling, und alles in uns und um uns fängt an zu sprießen. Unsere Energiekanäle öffnen sich, und wohltuende Kräfte durchströmen uns.

Anthony Robbins, der namhafte amerikanische Erfolgstrainer, empfiehlt immer wieder in seinen lesenswerten Büchern: „Nimm eine gehobene Haltung ein, lächle und denke an etwas Schönes, und schon fühlst du dich wesentlich besser."

Vielen scheint das alles zu einfach zu sein, aber die Wahrheit ist stets einfach.

Positive Gedanken und Gefühle lassen unsere Energie strömen, Negatives blockiert sie.

***Ich werde heute meine Gedanken und Gefühle kontrollieren, um über genügend Energie zu verfügen.**

Neue Möglichkeiten durch Entspannung

Entspannung ist das Geheimnis jeder Kreativität, jeder Heilung, ja unseres ganzen Lebens. Leider verkrampfen wir uns meist, wenn wir etwas unbedingt erzwingen wollen. Anstatt uns zu entspannen, verspannen wir uns. Der Stress unserer Zeit unterstützt diese Tendenz.

Ich möchte Dir mit einem Bild die Thematik veranschaulichen. Der Eis-„Block" im Meer stellt „blockierte" Energie dar. Er schwimmt zwar im Wasser, ist aber dennoch isoliert von ihm. Erst wenn er schmilzt, sich also „entspannt", verbindet er sich mit dem ihn umgebenden Element zum Ozean. So wird ein Teil mit begrenzter Kraft zum Ganzen mit unbegrenzter Macht.

Wenn wir uns verspannen, isolieren auch wir einzelne körperliche oder geistige Bereiche und begrenzen dadurch unsere Möglichkeiten. Um noch einmal mit dem Bild zu sprechen: Solange wir die starren Eisblöcke unserer Persönlichkeitsstrukturen nicht auflösen, können wir immer nur über einen Teil unserer Kräfte verfügen, nie über das gesamte Potential.

Von den Psychologen wissen wir längst, dass sich die Tore zu unserem Unter- und Überbewusstsein nur in der Entspannung öffnen. Sind wir hingegen verspannt, so steht uns lediglich ein geringer Teil unseres Bewusstseins zur Verfügung.

Erfolgreiche Sportler bemühen sich immer wieder, sich physisch und mental zu entspannen, um Höchstleistungen zu erzielen. Große Forscher berichten, dass ihnen ihre Ideen im Zustand der Entspannung zufielen, z. B. beim Spazierengehen oder im Schlaf.

Wie oft ist es uns schon so ergangen, dass wir stunden-, ja tagelang einen bestimmten Namen suchten, aber er wollte uns partout nicht einfallen. Dann vergaßen wir das Ganze, und plötzlich, wie aus dem Nichts, tauchte der Name auf, weil die Spannung nachgelassen hatte.

Natürlich bedarf jede Leistung eines starken Willens und der Beharrlichkeit. Aber unsere Bemühungen dürfen uns nie „gefrieren", nie erstarren lassen. All unser Denken und Tun sollte immer wieder in das Meer der Entspannung münden.

Wollen wir unbedingt etwas erreichen, so verspannen wir uns, statt uns zu entspannen.
Erfolg werden wir aber nur haben, wenn wir Entspannung und Ausdauer harmonisch verbinden.

***Ich **werde heute meine Arbeit aus der Entspannung heraus tun.**

Befriedigung und Freude

Wir alle haben echte Bedürfnisse, die wir befriedigen müssen, wenn wir glücklich und gesund sein wollen. Dazu gehören u. a. Essen und Trinken, eine erfüllte Sexualität, körperliches Training und eine sinnvolle Arbeit. Die meisten Bedürfnisse aber, die uns die Industrie ständig suggerieren will, dienen mehr ihrer eigenen Absatzsteigerung und dem Gewinn als uns Kunden. Das meiste ist schlichtweg unnötig, vieles sogar gefährlich.

Je mehr wir uns zum Kaufzwang verführen lassen, umso mehr verlieren wir uns im Unwesentlichen und vergessen dabei das Wesentliche. Gleich Motten fliegen wir ins Feuer des Konsumwahns und „verbrennen" darin. Wie viele Menschen sind schon Drogen, Alkohol, Nikotin oder genüsslicher Fresssucht erlegen.

Natürlich suchen wir ausnahmslos alle das Glück, und es steht uns auch zu. Aber Bedürfnisbefriedigung führt nicht immer zur Freude. Befriedigung und Freude sind „zweierlei Stiefel". Befriedigung kann man in der Außenwelt massenhaft kaufen. Freude hingegen ist nicht käuflich. Sie ist eine Frucht unserer Innenwelt. Befriedigung ist ein Feuer, das uns verbrennen kann, während die Freude ein Feuer ist, das entbrennt und wärmt.

Ich habe viele Jahre gebraucht, um diese beiden verschiedenen Qualitäten bewusst zu unterscheiden. Immer öfter wähle ich nun statt der trügerischen Befriedigung, die uns letztlich leer ausgehen lässt, die Freude. Wie hat mich früher bei gewissen Gelegenheiten der Alkohol berauscht und so manche Zigarette in dunstige Träume versetzt. Wenn dann noch Sex dazukam, dann glaubte ich mich für einige Zeit im siebten Himmel. Jedoch brachte der Riesenkater am nächsten Tag ein schlimmes Erwachen. Welche Freude aber durfte ich erleben, wenn echte Liebe ohne künstliche Aufputschmittel im Spiel war oder wenn ich ein wertvolles Vorhaben erfolgreich abschließen konnte. Du hast das sicher auch schon alles erlebt.

Nun, wir lernen ja hauptsächlich durch unsere Erfahrungen, und Erfahrungen sind oft das Ergebnis von „Dummheiten", die deshalb manchmal nötig sind. Wir alle gehen irgendwann den Weg durch „Versuch und Irrtum". Es kommt nur darauf an, unsere alten Fehler nicht ständig zu wiederholen.

Natürlich hat jeder von uns ganz unterschiedliche Bedürfnisse und Freuden. Ein Musiker genießt etwas anderes als z. B. ein Gärtner oder Sportler. Imitation und Anpassung sind fehl am Platze. Originalität ist gefordert!

*Befriedigung und Freude sind nicht dasselbe.
Extreme Bedürfnisbefriedigung kann sich zerstörerisch auf uns auswirken, während uns die Freude stets bereichert.*

***Ich werde heute bewusst zwischen Befriedigung und Freude unterscheiden.**

Herausforderungen

Wir neigen oft dazu, Herausforderungen aus dem Weg zu gehen, wenn sie uns zu hart erscheinen. Dadurch verpassen wir jedoch eine wertvolle Chance zu wachsen. Wie das Wort schon sagt, fordert die Herausforderung unsere versteckten Talente heraus. So können wir uns voll entfalten.

Wenn Du auf Dein Leben zurückblickst, so wirst Du feststellen, dass Dich gerade Schwierigkeiten und Nöte weitergebracht haben. Die Menschen, die Großes vollbrachten, haben dies meist unter den schwierigsten Umständen getan. Sie machten oft das Unmögliche möglich. Die Not zwang sie, das Letzte aus sich herauszuholen.

Wer Sport treibt oder ein Instrument spielt, weiß einen Lehrer, der höchste Ansprüche stellt, zu schätzen. Nur so können außergewöhnliche Leistungen erreicht werden. Sportler erhöhen stets den Widerstand, gegen den sie sich durchsetzen müssen. Gewichtheber stemmen immer größere Gewichte, trainieren mit immer stärkeren Expandern. Leichtathleten versuchen, die Rekorde der Champions zu übertreffen. Künstler messen sich an den Besten ihres Faches.

Nietzsche sagt uns: „Was mich nicht umbringt, das stärkt mich." Die Kraft nimmt am Widerstand kontinuierlich zu, wenn wir uns nicht überfordern. Während einige gerne den Weg des geringsten Widerstandes gehen, genießen diejenigen, die es einmal „geschmeckt" haben, immer mehr die Schwierigkeiten.

Für unser Leben ist nicht entscheidend, was uns zustößt, sondern wie wir damit umgehen. Worüber der eine weint, lacht der andere. Begrüßen wir die Schwierigkeiten des Lebens als Lektionen, so wachsen wir daran. Beschweren wir uns aber über das, was sich uns in den Weg stellt, dann kommen wir nicht vorwärts. Im ersten Falle erleben wir uns als „Täter", die ihr Leben in die Hand nehmen, im zweiten Falle als „Opfer".

Jedem von uns begegnen in seinem Leben unterschiedliche Herausforderungen. Solange wir unsere Lektion nicht gelernt haben, schlittern wir immer wieder in ähnliche Situationen hinein. Du kannst das sicher in Deinem Leben verfolgen. Je mutiger wir uns den Herausforderungen stellen, umso schneller finden wir unseren Weg und gelangen ans Ziel.

Ein erfolgreicher Mann wurde einmal gefragt, was wohl für ihn im Rückblick das Wichtigste gewesen sei. Er antwortete prompt, dass es seine Schwierigkeiten und Nöte waren, denn die haben ihn zu dem gemacht, was er heute ist.

Herausforderungen haben eine bittere Wurzel, aber eine süße Frucht. Bequemlichkeit hingegen beginnt mit einer süßen Wurzel und beschert uns am Ende eine bittere Frucht.

Gewöhnlich gehen wir den Weg des geringsten Widerstandes und vermeiden Herausforderungen.
Dadurch verpassen wir die Chance zu wachsen.

*** **Ich stelle mich heute allen Herausforderungen.**

Im *Hier und Jetzt* leben

Buddha wurde einst von seinen Schülern gefragt, was der Unterschied zwischen ihm und ihnen sei. Er antwortete: „Wenn ich esse, esse ich; wenn ich gehe, dann gehe ich..." Seine Schüler meinten darauf, dass sie das auch tun würden. „Nein, das tut ihr nicht", entgegnete der Meister. „Wenn ihr esst, dann geht ihr in Gedanken schon wieder. Ihr seid nie ganz bei einer Sache. Euer Verstand springt ständig umher."

Prüfen wir ehrlich unser Verhalten, dann trifft das oft auch auf uns zu. Beim Essen denken wir meist nicht ans Essen, sondern beschäftigen uns mit anderen Dingen, die uns durch den Kopf gehen. Liegen wir im Bett, dann tauchen plötzlich Gedanken über unsere diversen Probleme auf und wir grübeln darüber nach, anstatt zu schlafen. Am nächsten Tag sind wir dann zu müde, um unsere Arbeit optimal zu erledigen. Ständig laufen unsere Gedanken voraus oder hinken hinterher. Unser Hier und Jetzt, unser Augenblick, ist überlastet mit Unbewältigtem aus der Vergangenheit und mit Problemen, welche die Zukunft vielleicht bringen mag.

Die Vergangenheit ist vorüber, sie ist „ein Eimer kalter Asche", sagt Wayne Dyer in seinem Buch „Der wunde Punkt". Die Zukunft liegt in nebulöser Ferne. Wir können nur in diesem einen Augenblick leben, der uns immer wieder neu geschenkt wird. Wenn wir uns ausschließlich auf das Hier und Jetzt konzentrieren, dann arbeiten wir äußerst effektiv.

Freilich sollen wir zuweilen Erfahrungen der Vergangenheit zu Rate ziehen, um nicht wieder die gleichen Fehler zu machen. Auch ist eine gewisse Planung der Zukunft, eine Vorsorge, notwendig. Aber beides darf nicht als ständige „Begleitmusik" in unsere Gegenwart hineintönen. Mit beiden Beinen im Hier und Jetzt stehend blicken wir bei Bedarf kurz zurück oder voraus.

Leider überkommen uns immer wieder Gedanken, die uns ablenken wollen. Der Umgang mit ihnen erfordert ein hartes Training. Napoleon legte alles, was nicht ins Hier und Jetzt gehörte, gedanklich in Schubladen ab. Durch langsames Atmen können wir unsere Gedanken immer besser beherrschen.

Ich weiß, wie schwer es ist, die vielen herumschwirrenden Gedanken zu bändigen. Aber wenn wir die wohltuende Wirkung ausschließlicher Konzentration erleben, haben wir immer mehr Freude daran. Wir sitzen dann am Steuer unseres Lebens und bestimmen selbst Kurs und Ziel. Dazu ist natürlich ständige Achtsamkeit nötig.

Obwohl wir glauben, im Hier und Jetzt zu leben, entführen uns unsere Gedanken doch ständig in die Vergangenheit und Zukunft.
Leben können wir aber nur im jetzigen Augenblick.
Versäumen wir diesen, so versäumen wir alles.

****Ich lebe heute mit ausschließlicher Konzentration im Hier und Jetzt.**

Horizonterweiterung

Wenn wir durch einen langen Autotunnel fahren, befällt uns meistens nach einiger Zeit ein beengendes Gefühl. Wir sind froh, wenn wir aus der Dunkelheit wieder ans Licht, in die freie Landschaft hinausgelangen.

In unserem Leben fahren wir aber nicht nur durch Verkehrstunnels. Oft befinden wir uns in einem „Gedankentunnel". Unsere Gedanken und Emotionen begrenzen uns so sehr, dass wir keinen Ausblick und Überblick mehr haben. Da wir jedoch selbst diese „Mauern" errichtet haben, können wir sie auch selbst wieder einreißen.

Wie aber gelingt es uns, dieses Gedankengefängnis zu verlassen? Wir können z. B. den Ort, an dem wir uns zur Zeit befinden, wechseln. Schon wenn wir ein Zimmer, das bedrückend auf uns wirkt, verlassen, kann uns das befreien. Auch ein Wechsel der Tätigkeit kann wohltuend sein.

Gehen wir in die Natur hinaus, weitet sich automatisch unser Horizont, und es eröffnen sich völlig neue Perspektiven. Alle Künstler haben stets aus der Natur geschöpft, und auch wir können durch sie neue Ideen und Lösungen finden. Immer wieder lehrt sie uns, originell und doch in Harmonie mit dem Ganzen zu leben. Ein Dauerlauf an der frischen Luft bringt uns auf Trab, und der Sauerstoff reinigt und kräftigt uns.

Wenn wir den Raum nicht verlassen wollen oder können, dann mag uns das Lesen eines Buches oder das Hören unserer Lieblingsmusik auf ganz neue Gedanken bringen. Dichter und Musiker haben ihre eigenen Probleme mit ihrer Kunst zu lösen versucht und bieten uns ihre Erkenntnisse an.

Wähle das, was für Dich hilfreich ist. Nicht jeden befreit dasselbe aus seinem Gedankentunnel. Bedenke jedoch, dass Rauschmittel wie Alkohol, Nikotin oder Drogen zwar vorübergehend Licht ins Dunkel werfen können, Dich aber schließlich in immer größere Dunkelheit verbannen.

Alles, was unseren Horizont einengt, schadet uns auf lange Sicht. Alles, was ihn auf Dauer erweitert, ist hilfreich und befreiend.

Unsere Außenwelt ist meist nicht daran interessiert, unseren Horizont zu erweitern. Wir sind dann eben nicht mehr so leicht manipulierbar.
Aber auch wir selbst scheuen oft aus Bequemlichkeit die notwendige Bewusstseinserweiterung.

***Heute erweitere ich meinen Horizont.**

Von der Illusion zur Erleuchtung

In früheren Zeiten lockten die Inselbewohner der Nordsee mit Leuchtturmsignalen Schiffe an, die in Seenot waren, raubten sie aus und töteten die Besatzung. Die Seeleute erlagen einem Irrlicht, einer Illusion.

In unserer heutigen Zeit werden von manchen Interessengemeinschaften mit verfeinerten Methoden oft ähnliche Ziele verfolgt. Sie locken uns an den Strand verführerischer Konsumwelt und kassieren dort ab. Je eher wir merken, dass wir dort das Gesuchte nicht finden, sondern dass wir vielmehr ausgenommen werden, umso eher können wir der Illusion entrinnen und durch Umkehr eigene kleine „Erleuchtungserlebnisse" erfahren.

Blicken wir in unser Leben zurück, so erkennen wir, wie vielen Irrlichtern wir schon erlegen sind, z. B. in der Liebe, im Sex, im Ruhm, beim Schlemmen, Rauchen oder Trinken. Es gibt unzählige Fallen in dieser Welt, in die wir geraten können.

Lass Dich nicht abschrecken von dem Wort „Erleuchtung". Du musst nicht gleich ein Meister sein. Es sind die kleinen Schritte auf diesem Wege, die uns voranbringen. Wir begnügen uns zunächst mit „Erleuchtungshäppchen".

Statt wieder auf die nächste Party zu rennen oder das nächste Sexerlebnis anzupeilen, bleiben wir einfach mal zu Hause und feiern den Abend mit einem schönen Buch, mit unserer Lieblingsmusik, mit einem guten Film. Hinterher fühlen wir uns gut. Das ermuntert uns zu weiteren eigenen Experimenten. Wenn es uns danach gut geht, hatten wir ein echtes kleines Erleuchtungserlebnis. Wir sind einen Schritt von außen nach innen gegangen und haben uns von alten Konditionierungen gelöst.

Wichtig erscheint mir, dass wir uns besonders am Anfang nicht mit zu hohen Ansprüchen überfordern. Wir sollten vielmehr immer wieder die kleinen „Siege" über uns selbst feiern, bis sich allmählich gute Gewohnheiten gebildet haben. Unsere Illusionen verschwinden dann von allein, und wir gehen unseren Weg ins Licht.

Irrlichter führen uns oft hinters Licht.
Wenn wir unsere Erfahrungen mit einem wachen Unterscheidungsvermögen prüfen, dann finden wir allmählich den Weg, der uns aus der Illusion zur Erleuchtung führt.

***Ich lasse mich heute nicht hinters Licht führen.**

Kontraste

In den Bildergalerien fesselten mich Rembrandts Werke stets ganz besonders. Welch ein wundervolles Glühen und Strahlen bezaubert uns, wenn wir z. B. sein Bild „Der Mann mit dem Goldhelm" betrachten.

Mit welchen Mitteln erreichte der Künstler die enorme Wirkung seiner Gemälde? Er schuf meist einen dunklen Hintergrund als kontrastreichen Rahmen, von dem sich der leuchtende Vordergrund deutlich abhob. Hätte er lediglich Licht zu Licht gesellt, wären die Darstellungen blass und ausdruckslos geblieben. Durch den Gegensatz von Hell und Dunkel aber hauchte er seinen Bildern Leben ein.

Haben wir nicht alle schon ähnliche Erfahrungen gemacht? Wie erstrahlte plötzlich unser Leben, nachdem wir eine schwere Zeit hinter uns hatten! Für manche vollzog sich dieser Weg aus der Dunkelheit ins Licht durch einen Partner- oder Berufswechsel. Spüre nach, wodurch Dein Leben wieder erhellt wurde.

Das Licht wissen wir nur dann richtig zu schätzen, wenn wir vorher lange Zeit ins Dunkle verbannt waren. Wie in Rembrandts Gemälden wirkt das Licht erst durch den dunklen Hintergrund. Aus Negativem können wir stets Positives entwickeln. Die Psychoanalyse lehrt uns heute, dass uns das Dunkle, das Böse nur dann angreift, wenn wir es nicht wahrhaben wollen. Neurosen, Psychosen und viele andere Krankheiten haben ihre Ursache in der Verdrängung dunkler Elemente. Wir brauchen das Dunkle aber ebenso wie alle Pflanzen den dunklen Schoß der Erde. Nur so können wir Wurzeln schlagen und dem Licht entgegenwachsen.

Lernen wir, das Dunkle, Dämonische als Sprungbrett zum Licht zu benutzen. Es geht nicht um die Ausschaltung von Gegensätzen, sondern um deren Anerkennung und Integration.

Oft neigen wir dazu, Gegensätzliches zu vermeiden. Gegensätze können wir als fruchtbare Ergänzungen nutzen.

*** **Ich sehe heute in den Gegensätzen wertvolle Ergänzungen.**

Das Labyrinth des Lebens

Das Leben ist ein Labyrinth. Die meisten von uns haben sich in diesem Irrgarten schon oft verlaufen, und manchmal meinten wir, nicht mehr herauszufinden. Aber dann zeigte sich doch wieder ein Lichtblick.

Für alle Studienzweige gibt es „Leitfäden", an denen man sich orientieren kann. In den Buchhandlungen boomen Lebenshilfe-Ratgeber. Aber niemand kann uns sagen, welchen Leitfaden wir für unser Leben wählen sollen.

Ich selbst irrte viele Jahre auf fremden Wegen dahin, bis ich meinen eigenen fand. Ich entdeckte ihn durch meine Arbeit, die ich als Vision bereits in der Kindheit hatte. Aber erst Jahrzehnte später, nach Ausübung eines anderen Berufes, konnte ich meine Vision verwirklichen. Schon als Siebenjähriger wollte ich immer schreiben und singen. In den Augen meiner Eltern gehörte das aber zu den brotlosen Künsten, die man besser nicht ergreifen sollte. Schließlich fand ich doch noch im Singen und Schreiben, zu dem später das Komponieren hinzukommen sollte, meinen Leitfaden.

Ein Beruf, für den wir geschaffen sind und den wir lieben, zeigt uns Schritt für Schritt unseren Weg. Indem wir unsere Arbeit ständig verbessern, entwickeln wir uns selbst. Konzentration und Ausdauer nehmen zu, und wir lernen, Wichtiges von Unwichtigem zu unterscheiden. Wir sind dann auch bereit, Opfer zu bringen, und nichts stresst uns, denn wir tun alles mit Begeisterung. Unsere Arbeit wird zum Spiegel. Goethe sagte einmal: „Wir Menschen lernen uns nur durch unsere Arbeit kennen."

Sicher hast Du auch schon erfahren, dass Du ganz anders durchs Leben gehst, dass sich plötzlich völlig neue Möglichkeiten auftun, wenn Du Deinen Weg gefunden hast. Die Unzufriedenheit weicht immer mehr, und Dein Leben findet in zunehmendem Maße Erfüllung.

Heutzutage wird die Freizeit über alles geschätzt. Doch oft wird dabei übersehen, dass Arbeit Gnade ist und dass nur sie uns durch das Labyrinth des Lebens führen kann. Allerdings muss diese Arbeit wirklich unserer Berufung entsprechen. Ungeeignete oder ungeliebte Arbeit kann diese Aufgabe nicht erfüllen. Stress und Frust sind dann die unausweichlichen Folgen. Hier ist unter Umständen ein Berufswechsel notwendig. Hermann Hesse meinte: „Glücklich der Mensch, der seine Arbeit gefunden hat."

Unsere Konsumwelt bietet uns laufend angenehme Wege, selbstverständlich gegen klingende Münze. Eines Tages aber entdecken wir, dass wir auf diesem Weg nicht aus dem Irrgarten des Lebens herausfinden, sondern uns im Gegenteil nur noch mehr verirren.

Ich glaube, dass ich ohne meine Arbeit wohl kaum durch das Lebenslabyrinth gefunden hätte, und ich empfinde diese Arbeit als Adel und Gnade, die ich gegen nichts eintauschen möchte.

Wenn ich mich abends niederlege, freue ich mich schon auf den nächsten Tag mit seinen neuen Aufgaben. Natürlich gibt es auch immer wieder Probleme. Aber wir sind ja dazu da, diese zu lösen, und nicht, um an ihnen zu verzweifeln.

Im Labyrinth des Lebens können wir uns leicht verlaufen.
Es besteht die Gefahr, nicht mehr herauszufinden.
Ein guter Leitfaden durch das Labyrinth ist eine Arbeit, die uns begeistert.

***Ich betrachte meine Arbeit als Gnade, die Selbsterkenntnis ermöglicht und mir den rechten Weg zeigt.**

Lachen als Stresskiller

Stress wirkt wie Kälte, die alles gefrieren lässt: unseren Körper, unseren Geist und unsere Seele. Während bei guter Laune Energieströme fließen, stagniert durch Stress alles.

Lachen ist wie die Sonne, die mit ihrer Wärme das Erstarrte auftaut und wieder in Fluss bringt. Es erweitert uns enorm. Wir sagen z. B.: „Wir platzen vor Lachen" oder „Wir halten uns den Bauch vor Lachen". Der Volksmund wusste schon immer um den Wert der Fröhlichkeit. Er meint: „Lachen ist gesund." In unserer Zeit hat sich sogar die Wissenschaft des Lachens angenommen und bewiesen, dass es viele heilende Wirkungen auslöst. Es gibt heute Lachkliniken. Außerdem entstehen weltweit immer neue Lachclubs.

Leider meinen viele Menschen, dass etwas so Einfaches wie das Lachen keine großen Wirkungen hervorbringen könne. Aber schaue einmal in Dein Leben zurück und blicke auf die Zeiträume, in denen Du auffallend viel krank warst oder in denen Du lange Jahre immer gesund bliebst. Du wirst entdecken, dass Emotionen, die von Fröhlichkeit geprägt waren, Gesundheit auslösten, während negative Emotionen Krankheiten verursachten.

Nachdem ich selbst viele Botschaften durch Krankheiten erhielt, habe ich mir vorgenommen, mich nicht mehr zu ärgern. Jeden Tag beginne ich laut lachend, und ebenso beende ich den Tag. Was mich als Ärger anzuspringen droht, transformiere ich durch Lächeln in eine Energie, die ich für meine Arbeit einsetze.

Es ist nicht so, dass ich alle Böswilligkeiten, die mir begegnen, einfach übersehe. Aber ich reagiere nicht mehr darauf und verausgabe auf diese Weise keine wertvollen Kräfte. Das Lachen ist für mich eine Brücke zur Freude. Alles, was mir begegnet, nutze ich als „Informationsflügel". Ich lasse es einfach nicht mehr zu, dass mich „Emotionsfesseln" schikanieren.

Durch Lachen können wir uns über vieles erheben und aus einer anderen Perspektive betrachten. Da wir alle unsere Macken haben, ist es wichtig, dass wir auch lernen, über uns selbst lachen zu können. Viel Leid entsteht dadurch, dass wir uns allzu ernst nehmen.

Wenn wir uns einmal ehrlich betrachten, dann können wir über unsere eigenen Dummheiten, die wir begangen haben, in schallendes Gelächter ausbrechen. Über andere zu lachen nützt niemandem, am wenigsten uns selbst. Mit dem Lachen holen wir nach einem kalten Stress-Winter den Frühling wieder in unser Leben zurück.

Wie oft hast Du heute schon gelacht? Kinder lachen am Tag unzählige Male. Man sieht es ihnen an. Unsere Erziehung darf ihnen das Lachen nicht abgewöhnen. Wir Erwachsene sollten es vielmehr wieder von ihnen lernen. Lachen ist eine unserer stärksten Energiequellen und ein großer Stresskiller.

Das Lachen ist ein uraltes und wieder neu entdecktes Heilmittel.
Es löst unsere Blockaden und lässt die Energie wieder fließen.

*** **Bei jeder geeigneten Gelegenheit übe ich heute zu lächeln oder zu lachen.**

Unser Lebensgemälde

Jeder von uns bekommt als Geburtstagsgeschenk von seinem Schöpfer eine leere weiße Leinwand, auf die er sein Lebensbild malen darf. Somit haben wir die Freiheit, unser Leben ganz nach unserem eigenen Willen zu gestalten.

Leider überlegen wir uns am Anfang meist zu wenig, was wir mit dieser Freiheit anfangen wollen. Und da sind dann noch die vielen Erwachsenen, die uns eifrig Ratschläge erteilen. Im Allgemeinen sind es Menschen, die nicht den Mut haben, selbst ein originelles Lebensbild zu entwerfen. Sie leben ein Leben aus zweiter Hand und wollen uns nun ebenfalls dazu überreden. Und ehe wir uns versehen, ist unsere Leinwand mit sinnlosen Motiven verschmiert.

Viele von uns sind am Ende ihres Lebens traurig, weil ihnen ihr Bild nicht gefällt. Oft tun sich dann die Enttäuschten zusammen, trösten sich mit allerlei Ausreden und geben schließlich dem Schicksal die Schuld für das misslungene Lebensbild. Aber wir können die Schuld niemandem in die Schuhe schieben. Allein wir haben die zunächst leere Leinwand, die alle Möglichkeiten offen ließ, im Laufe der Zeit bemalt. Wir haben unsere Freiheit nicht genutzt, sondern unbesonnen gehandelt und uns alles Mögliche aufschwatzen lassen. Das, was wir gemeinhin „Schicksal" nennen, ist allein unser Werk.

Wenn wir ehrlich zu uns selbst sind und allmählich zu dieser Erkenntnis erwachen, dann bleibt uns vielleicht noch einige Zeit. Wir können nun beginnen, das alte Bild zu löschen oder gar eine neue Leinwand aufzuziehen. Gott hilft uns immer wieder dabei, wenn wir es ernst meinen.

Viele Menschen haben das in ihren allerletzten Jahren geschafft. Es ist also nie zu spät. Noch im Alter von achtzig oder gar neunzig Jahren können wir ein grandioses Lebensgemälde entwerfen und vollenden. Oft hören wir, dass wir wenig oder keine Zeit hätten. Aber es ist nicht wenig Zeit, die wir haben, sondern wenig Zeit, die wir nutzen.

Solange wir noch leben, können wir immer wieder neu anfangen. Jeder Tag kann zu einem neuen Leben werden. Wenn wir entschlossen handeln, so können wir das Unmögliche möglich machen.

Wir selbst malen unser Lebensgemälde.
Oft ist uns das am Anfang nicht klar.
Wer sein Leben bewusst leben will, der gestaltet es nach eigenen Motiven.

******Ich übernehme heute die volle Verantwortung für mein Leben.***

Der „wohltemperierte" Mensch

Die Temperatur unseres Körpers beträgt mit geringen Abweichungen etwa 36,5 Grad. Dieses Gleichmaß hält unseren Körper bei extremen äußeren Temperaturschwankungen gesund. Steigt die Temperatur an, so fühlen wir uns krank. Ab 42 Grad ist unser Leben gefährdet, ebenso bei großer Untertemperatur.

Unsere Gefühle schwanken oft ähnlich von himmelhochjauchzend bis zu Tode betrübt. Mal sind wir ganz oben, mal ganz unten. Diese Gefühlsschwankungen schaden unserer Gesundheit. Bei zu viel Freude werden wir überhitzt, bei zu viel Trauer beginnen wir zu frieren. Wir sollten uns nach dem Vorbild unseres Körpers ein gewisses Gleichmaß angewöhnen, eine Gefühlstemperatur, die sich immer wieder auf einen gesunden Mittelwert einpendelt.

Heute glauben wir meist, dass uns Unruhe und Sensationen gut tun. Aber sie bringen Unordnung und damit eines Tages Krankheit. Gleichmaß und Gleichmut sind die Beschützer unserer Gesundheit, die sich nur innerhalb einer bestimmten Ordnung entwickeln kann. Unordnung zerstört sie auf Dauer.

Die Außenwelt tischt uns heute immer mehr Sensationen auf, die große Gefühlsschwankungen auslösen. So müssen wir selbst zur Ruhe finden. Wenn uns das gelingt, fühlen wir uns wie ein Fels in der Brandung. Wir haben dann zu unserem Zentrum heimgefunden, und es eröffnen sich ganz neue Möglichkeiten.

Unser Körper versucht bei allen äußeren Temperaturschwankungen immer eine konstante Temperatur aufrecht zu erhalten. Größere Abweichungen verursachen Krankheit.
Ebenso wichtig für unsere Gesundheit ist ein ausgeglichener Gemüts- und Geisteszustand.

******Ich bemühe mich um Ausgeglichenheit.***

Musik als Medizin

Seit Menschengedenken weiß man, dass Musik eine wundervolle Medizin ist. Sie versetzt Körper, Geist und Seele in Schwingung. Krankheit wird immer durch eine Unterbrechung dieser Schwingungen verursacht.

Unser Körper ist von vielen Energiekanälen durchzogen. Oft sind diese durch körperliche oder seelische Verletzungen blockiert, so dass die Energie nicht mehr fließen kann. Musik kann diese Blockaden beseitigen. Wir werden wieder durchlässig und kommen in Form.

Jeder Mensch hat natürlich seine Lieblingsmusik, die auch zu verschiedenen Zeiten wechseln kann. In der Jugend haben wir oft einen anderen Geschmack als im Alter. Jede Musik, die aus positiven Motiven heraus geschrieben wurde, kann uns gut tun. Allzu oft bezeichnen wir das, was uns nicht gefällt, als schlecht. Wir sollten uns auch hier vor Urteilen, die meist Vorurteile sind, hüten.

Alle Sparten der Musik enthalten Wertvolles, ob Klassik, Schlager, Volkstümliches oder Pop. Allein die Beweggründe des Komponisten entscheiden über den Wert seiner Werke. Es sei allerdings kurz vermerkt, dass es heute natürlich auch Musik gibt, die bewusst zerstörerische Disharmonie verbreiten will.

Unser gesamtes Sein ist auf Harmonie angelegt. Unser Körper ist musikalisch gestimmt. Jedes Organ singt sein eigenes Lied und stimmt in den großen harmonischen Klang des gesamten Organismus ein. Spüre, welche Musik Deine Harmonie fördert.

Ein Dichter sagte einmal, ohne Musik wäre unser Leben ein Irrtum. Tauchen wir ein ins Meer der Musik, lassen wir uns immer wieder verzaubern. Wie die Luft ist die Musik für uns ein lebensnotwendiges Element.

Musik ist die älteste Medizin ohne schädliche Nebenwirkungen.
Jeder mag seine Lieblingsmusik selbst wählen.

*****Ich nutze die Musik**
für Harmonie und Energie.

Zugriff zu den Organen

Wir glauben oft, dass nur der Arzt oder der Chirurg an unsere Organe herankommen und sie „reparieren" kann. Doch das stimmt nicht ganz. Auch wir können jedes Organ über bestimmte Körperschaltstellen erreichen.

Sicher hast Du schon gehört, dass die Füße mit dem ganzen Körper in Verbindung stehen. Man spricht von Fußreflexzonen. Jeder Teil des Fußes steht mit einem Teil des übrigen Körpers in Verbindung. Erhalten wir eine Reflexzonenmassage, so kann der Masseur über die Füße den ganzen übrigen Körper „behandeln".

Für diese Massagearbeit brauchen wir jemanden, da wir selbst nicht so leicht an unsere Füße herankommen. Einen Zugang aber haben wir alle: Wenn wir gehen, wandern, walken oder joggen und dabei den Fuß abrollen, dann bearbeiten wir über die Füße den ganzen Körper. Erinnere Dich, als Du das erste Mal barfuß gelaufen bist, wie Du wohlig reagiertest und von Energie durchpulst wurdest.

Aber es gibt noch viele andere Stellen an unserem Körper, in denen der gesamte Organismus fokussiert ist und damit erreicht werden kann, z. B. die Hände, die Ohrläppchen, das Gesicht, die Augen.

Vielleicht ist Dir schon aufgefallen, dass Du Dich im Ganzen belebt fühlst, wenn Du etwas mit Deinen Händen unternimmst, sei es Stricken, Klavierspielen, Hausarbeit machen etc. Indem wir unsere Hände und Finger betätigen, trainieren wir unseren gesamten Körper. Wenn wir unser Gesicht eincremen, fühlen wir uns auf einmal erfrischt. Über das Reiben der Ohren erreichen wir ebenfalls den gesamten Körper und können ihn stimulieren.

Es ist nicht unbedingt nötig zu wissen, über welche Stellen ich das Herz, die Lunge etc. erreiche. Dennoch möchte ich an einem Beispiel den Zugriff zu unseren Organen verdeutlichen. Wenn wir unseren Daumen greifen, so pflegen wir unsere Milz, der Zeigefinger stimuliert die Lunge, der Mittelfinger das Herz, der Ringfinger unsere Leber und der kleine Finger Nieren und Blase.

Aber nicht nur über die Berührung gewisser Reflexzonen erreichen wir unsere Organe und können sie pflegen. Auch unsere Emotionen haben direkte Auswirkungen auf sie. Mitgefühl pflegt die Milz, Mut unsere Lungen, Aufrichtigkeit und Liebe unser Herz, Freundlichkeit die Leber und Sanftheit die Nieren.

Wir haben also physische und psychische Möglichkeiten, um unsere Organe zu pflegen. Wer das rechtzeitig und vorbeugend praktiziert, kann sich manchen schmerzlichen chirurgischen Eingriff ersparen.

Wir haben bestimmte Zugänge zu unseren Organen. Über die Füße, die Hände oder Ohren z. B. können wir unseren gesamten Körper behandeln. Mit der Beherrschung unserer Gefühle pflegen wir ebenfalls unsere Organe.

***Durch mein neugewonnenes Wissen kann ich meine Organe pflegen.**

Originalität statt Imitation

Bei aller Unterschiedlichkeit sehen wir Menschen uns eigentlich doch recht ähnlich. Jedenfalls sind die Unterschiede nicht so gravierend wie zwischen einzelnen Tierarten, z. B. zwischen einer Maus und einem Elefanten. Und dennoch stellen wir Menschen bei aller äußeren Ähnlichkeit völlig verschiedene Welten dar.

Der berühmte Biologe Üxküll, der in seinem Leben mit vielen Menschen zusammentraf, schrieb darüber das Buch „Nie geschaute Welten". Darin berichtet er u. a. von Personen, die einen so empfindlichen Geruchssinn haben, dass es für sie überall „stinkt". Andere sind so lärmempfindlich, dass bereits leise Musik sie „verletzt". Wieder andere können Gedanken und Gefühle hinter der Maske erkennen und entdecken überall Lügen. Du hast sicher auch schon Deine eigenen Erfahrungen mit Dir und Deinen Bekannten gemacht.

Goethe sagte: „Eines schickt sich nicht für alle." Trotzdem lassen wir uns oft viele Jahre in unserem Leben von anderen beeinflussen und gehen einen Weg mit, der nicht der unsere ist. Ich möchte noch einmal auf die Tierwelt zurückkommen, damit wir unser „Fremdgehen" besser verstehen können.

Glaubst Du, ein Löwe, der in der heißen Savanne Afrikas zu Hause ist, würde sich von einem Eisbären überreden lassen, in die Arktis umzuziehen? Natürlich würde er das nicht tun! Dieses Beispiel ließe sich nun beliebig fortsetzen. Jedes Tier bleibt sich treu. Wir Menschen hingegen werden uns oft untreu und befolgen die seltsamsten Ratschläge anderer. Dabei verlieren wir den Boden unter den Füßen und unsere Ziele aus den Augen.

Die Psychologen haben festgestellt, dass in uns verschiedene „Tiere" stecken, wobei ein bestimmtes Tier dominiert. Da entdecken wir z. B. den ängstlichen Hasen, das scheue Reh, den stolzen Löwen, den eitlen Pfau, das dumme Huhn etc.

Unsere Erziehung hat uns nicht beigebracht, unseren eigenen Weg zu finden. Vielmehr wurden wir zur Imitation angeregt. Alice Miller und Wilhelm Reich nannten das „geistigen Mord". So müssen wir nun selbst herausfinden, wer wir sind, welche Aufgaben wir haben und welchen Weg wir gehen müssen.

Ein Leben lang schon begleitet mich das Dichterwort: „Nie verlor der Adler so viel Zeit, als dass er sich herabließ, von der Krähe zu lernen." Wir alle sind vom Schöpfer als Originale geschaffen. Wenn wir unserem „Bauplan" gemäß leben, dann sind wir gesund und glücklich und schließlich auch erfolgreich. Erinnern wir uns wieder an die Visionen unserer Jugend und folgen ihnen durch alle Schwierigkeiten hindurch!

Natürlich gibt es Situationen, in denen Anpassung notwendig ist und Nichtanpassung lebensgefährlich wäre. Mit „genialer Originalität" bei Rot über eine Ampel zu fahren, ist ein solcher Fall. Wir müssen also immer wieder entscheiden, wann Imitation und wann Originalität angebracht ist.

Täglich werden wir herausgefordert zu entscheiden, wann Anpassung und wann Nichtanpassung angezeigt ist. Fehlentscheidungen können fatale Folgen für uns und andere haben.

*** **Ich entscheide heute, wo Anpassung oder Originalität angebracht ist.**

Äußere und innere Reinheit

Wenn wir gut gekleidet sind, werden wir besonders Acht geben, dass wir uns nicht beschmutzen. Aber genauso, wie wir äußerlich sauber bleiben oder zumindest erscheinen wollen, sollten wir auch nach innerer Reinheit trachten. Lassen wir uns von schmutzigen Gedanken oder Gefühlen „ergreifen", so kann das unter Umständen viel unangenehmer sein, als wenn wir „nur" unsere Kleider verunreinigen.

Die Medien berieseln uns ständig mit katastrophalen Nachrichten und transportieren sie in unser Leben. Wo immer wir auch hingehen, ob in den Supermarkt oder zur Tankstelle, überall schreien uns ausnahmslos negative Botschaften entgegen. Wir werden von solchen Eindrücken regelrecht erschlagen. Sie haften wie geistiger Schmutz an uns und dringen in unser Unterbewusstsein ein. Von dort beeinflussen sie unser gesamtes Leben, wenn es uns nicht gelingt, mit disziplinierter Gedankensteuerung dagegen anzulenken.

Leider ist das den meisten von uns gar nicht bewusst. Wir sind an diesen Sensationsrummel allmählich so gewöhnt, dass er für uns die Normalität darstellt. Umgibt er uns einmal nicht, dann fehlt uns direkt etwas, und wir flüchten uns auf irgendeine Art und Weise wieder selbst hinein. Wir tapezieren mit der Sensationskulisse unsere intimsten Lebensräume, leben Tag und Nacht in dieser Atmosphäre und empfinden das schließlich als normal.

Ein kluger Mann sagte einmal, man müsse sich heute ver-rücken, ver-rückt sein, um wieder normal werden zu können.

Wir können uns nicht nur körperlich, sondern auch geistig beschmutzen.
Wenn wir gesund und glücklich sein wollen, dann genügt die weiße Weste allein nicht.
Auch dahinter sollte es sauber sein.

*** **Ich werde heute auf äußere und innere Reinheit achten.**

Retende Reserven

Geht uns auf „großer Fahrt" plötzlich der Sprit aus, so sind wir heilfroh, wenn wir einen vollen Reservetank bei uns haben. Ohne ihn können wir in größte Schwierigkeiten kommen, besonders, wenn es dunkel wird und wir kaum auf fremde Hilfe hoffen dürfen.

Aber nicht nur in dieser Situation, sondern im gesamten Leben spielen Reserven eine entscheidende Rolle. In unserer Zeit herrscht der Trend, die Reserven auf allen Gebieten bis zum Letzten auszuschöpfen. Unser Staat geht mit schlechtem Beispiel voran, und jahraus, jahrein wachsen die Schuldenberge. Außerdem greift er Gelder an, die für andere Zwecke eingezahlt wurden.

Die Wirtschaft ermuntert uns aus egoistischen Gründen zum Schuldenmachen, damit der Umsatz steigt. Auch bei unserer Gesundheit leben wir auf Pump. Schließlich sind wir ja krankenversichert, wenn unser Körper nicht mehr mitmacht. Wir übergeben dann den „Fachleuten" unsere Verantwortung. Viel zu wenig achten wir auf die Gesundheitsvorsorge, die zum großen Teil in unseren eigenen Händen liegen sollte.

Das Familienleben leidet ebenfalls darunter, wenn unsere Energiereserven aufgebraucht sind. Kleinste Schwierigkeiten lassen Aggressivität und Feindseligkeit aufkommen. Streit zwischen Eheleuten und mangelndes Verständnis für die Kinder sind so vorprogrammiert. Ein einziger kleiner Funke kann das Pulverfass jederzeit zur Explosion bringen. Wie wohltuend erleben wir die Menschen, die so viele Reserven haben, dass sie nicht bei jeder Kleinigkeit in die Luft gehen, sondern ruhig bleiben.

Es wird immer Menschen geben, die völlig ausgebrannt sind. Schicksalsschläge oder Überarbeitung haben ihre Energien total aufgebraucht. Solchen Menschen durch eigene Energiereserven helfen zu dürfen, gehört wohl zu den schönsten Erlebnissen. Je mehr wir in dieser Weise leben und wirken, um so glücklicher sind wir selbst.

Um dem Burnt-out-Syndrom unserer Zeit zu entkommen, müssen wir darauf achten, immer über genügend Reserven zu verfügen.
Die meisten Schwierigkeiten in unserem Leben erfahren wir, weil wir plötzlich keine Ressourcen mehr haben.

***Ich achte heute darauf,
dass meine Reserven unangetastet bleiben.**

Sandburgen

Wer von uns kennt sie nicht, die großartigen Sandburgen, die viele Familien in ihrem Urlaub am Nordseestrand bauen! Und wie traurig sind wir dann, wenn die nächste Flut alles wieder zerstört. Nur kärgliche Reste bleiben übrig. Bauen wir nicht alle in unserem Leben solche vergänglichen „Gebilde"?

Letztlich gleichen alle unsere Pläne und Werke Sandburgen, die mit der Zeit vergehen. Schauen wir doch einmal in die Geschichte zurück. Wo früher reges Leben herrschte, befinden sich heute Gräber und Ruinen. Nichts und niemand kann die Zeit überdauern.

Blicken wir auf unser eigenes Leben, so ist vieles verschwunden, was uns einst so wichtig erschien. Hängen wir unser Herz an all das Vergängliche und haften an ihm, dann leiden wir, wenn wir Abschied nehmen müssen. Können wir jedoch alles in dem Bewusstsein genießen, dass wir es eines Tages loslassen müssen, fällt uns das Abschiednehmen leichter.

Je mehr wir uns in unserem Leben vom Nehmen auf das Geben umstellen, umso leichter fällt es uns eines Tages, Menschen und Dinge wieder herzugeben. Betrachten wir alles als Leihgabe auf

Zeit! Diese Einstellung wird uns immer und überall eine große Hilfe sein.

Sandburgen erinnern uns daran, dass alles vergänglich ist.
Nichts und niemand gehört uns für immer.
Alles ist eine Leihgabe.

*****Ich bin mir bewusst,**
dass alle Gaben Leihgaben sind.

Erholsamer Schlaf

Schlaf schenkt uns große Energie. Gewisse Regenerationen sind nur im Schlaf möglich. Ein durch künstliche Mittel „erzwungener" Schlaf stört diese Regeneration. Die Gewinner sind lediglich die Hersteller, die ein Milliardenvermögen dabei verdienen.

Es gibt zwei Dinge, die wir schon aus der Kindheit kennen und die auch uns als Erwachsene unter bestimmten Bedingungen wieder zur Verfügung stehen. Weißt Du noch, wie Du als Kind selig in die Federn gesunken bist und sofort „weg" warst, nachdem Du den ganzen Tag draußen herumgetollt bist? Wenn unser Körper müde geschafft ist, dann senkt sich der Schlaf wohlig über uns. Wir brauchen ihn nicht erst herbeizurufen oder herbeizuzählen. Er überkommt uns ohne unser Zutun.

Die zweite Voraussetzung für einen tiefen und erholsamen Schlaf ist, dass wir den Tag gut verbracht haben und keine quälenden Gedanken ins Bett mitnehmen. Als Kinder haben wir diese Bedingung meist erfüllt, als Erwachsene haben wir da oft unsere Schwierigkeiten.

Der Volksmund sagt uns: „Ein gutes Gewissen ist ein sanftes Ruhekissen." Aber wie oft überhören und verletzen wir tagsüber unser

Gewissen! Und was uns am Tag als Sieg erschien, beschäftigt uns des Nachts, und wir finden keine Ruhe. Mit Schuldgefühlen wälzen wir uns im Bett von einer Seite auf die andere, aber der Schlaf will sich nicht einstellen. Was versuchen wir dann nicht alles, um endlich einzuschlafen! Aber wir werden immer wacher. Irgendwann, wenn wir den Kampf aufgegeben haben, sinken wir dann für einige Zeit in den Schlaf, bis uns ein Albtraum jäh wieder aufweckt.

Es gibt viele Ratschläge zum Thema „Schlaf". Doch ohne diese beiden genannten Voraussetzungen sind sie wirkungslos. Wenn wir am Tag nicht unsere Pflicht getan haben, dann werden wir am Abend den Schlaf nicht als Freund begrüßen können. Er ist wie ein Spiegel, der unseren Tag abbildet. Wir ernten eben, was wir gesät haben.

Denken wir immer wieder einmal an unseren tiefen Schlaf als Kinder, als die Welt noch in Ordnung war und wir im Spiel und bei der Arbeit Gutes vollbrachten. Wenn wir uns als Erwachsene wieder daran erinnern und es praktizieren, dann werden wir abends in einen tiefen, erholsamen Schlaf fallen.

Schlaflosigkeit hat fast immer eine Ursache, die Schlafmittel nicht beheben können.
Wer am Tag seine Kraft für eine sinnvolle Arbeit einsetzt, schläft auch gut.

*** **Ich achte heute auf meine Gedanken und Handlungen, um gut zu schlafen.**

Schuld

Wir alle laden uns im Leben Schuld auf. Viele brechen unter dieser Last zusammen. Ein Weiser sagte einmal, Gott könne uns nur die Schuld vergeben, die wir uns selbst vergeben haben. Es liegt also an uns, wie wir damit umgehen. Das wiederum hängt sehr stark davon ab, wie sensibel wir veranlagt sind. Ich kenne Menschen, die sich für alles schuldig fühlen, was auch immer passiert. Und dann gibt es Menschen, die sich nie für schuldig halten, sondern immer allen anderen die Schuld zuschieben.

Grundsätzlich sind wir nur für uns selbst verantwortlich. Allerdings müssen wir die Folgen, die unsere Handlungen für andere haben, bedenken. Sind diese nachteilig, dann tragen wir auch hier die Verantwortung.

Solange wir unerfahren sind, begehen wir immer wieder Fehler. Wenn wir aber unsere Fehler nicht wiederholen, sondern verbessern, dann ist auch unsere Schuld getilgt. Jeder tut zumeist das Beste, zu dem er fähig ist. Negative Folgen sind die Korrekturen, die das Leben erteilt. Nehmen wir sie dankbar an und vermeiden „Wiederholungstaten", dann löschen wir damit unsere Schuld und befreien uns von Altlasten.

Oft wurde und wird uns von anderen Menschen deren eigene Schuld aufgebürdet. Das darf uns aber nicht berühren oder gar belasten. So wie wir keine Geldschulden von anderen übernehmen müssen, so brauchen wir auch keine derartigen Schuldzuweisungen anzunehmen.

Die Beichte kann sich segensreich auswirken. Viele befreien sich dadurch von seelischen Belastungen. Das darf aber keinesfalls wie so oft zu der Folgerung führen, dass ich mir ja alles erlauben kann, weil mir der Beichtvater Absolution erteilt hat. Sobald derartige Berechnungen ins Spiel kommen, wird Schuldvergebung zur Farce.

Ich selbst habe in meinem Leben viele Jahre unter Schuldgefühlen gelitten. Eine bewusste Lebensführung und das Ablegen untauglicher Einstellungen haben mich davon befreit. Ich möchte Dir raten, liebevoll, aber auch ehrlich mit Dir selbst ins Gericht zu gehen, Deine Fehlhaltungen nach und nach zu verbessern und Dir selbst Deine alte Schuld zu vergeben. Wenn Du nicht immer wieder zum „Wiederholungstäter" wirst, erfährst Du ganz gewiss Gottes Gnade.

Wer ständig seine gesamte alte Schuldenlast mit sich herumschleppt, wird eines Tages unter ihr zusammenbrechen. Wir alle machen Fehler. Es geht nur darum, sie nicht ständig zu wiederholen, sondern aus ihnen zu lernen.

Sobald wir fähig sind, uns selbst und anderen zu vergeben, verliert das Leben an unerträglicher Schwerkraft und gewinnt an wohltuender Leichtigkeit. Die Sonne dringt wieder durch die Wolken, und unser gesamtes Leben erstrahlt in neuem Glanz. Christus hat immer wieder alle Sünden, alle Schuld vergeben. Zum Mörder am Kreuz sagte er: „Noch heute wirst du mit mir im Paradiese sein."

Durch Einsicht und Veränderung können wir uns selbst von jeder Schuld befreien.
Unser Weg führt vom Unschuldig-Sein über die Schuld wieder zurück zum Unschuldig-Werden.

*** **Ich achte auf meine Lebensführung**
und tilge alte Schuldgefühle
aus meinem Bewusstsein.

Unser Selbstbild bestimmt unser Leben

So wie auf Deinem Fernseher genau der Videofilm, den Du eingelegt hast, erscheint, so prägt Dein Selbstbild Dein Leben. Gefällt Dir Dein Lebensfilm nicht, nutzt das „Herumfummeln" auf dem Bildschirm nichts. Du musst die Ur-Sache auswechseln und einen neuen Film, ein neues Selbstbild einlegen.

Betrachten wir einmal unser Selbstbild kritisch, so stellen wir meist fest, dass es eigentlich ein „Fremdbild" ist, das von unseren Erziehern über lange Jahre hin geformt wurde. Wie schwer hatten wir es doch als Kinder, uns gegen die Übermacht der Erwachsenen durchzusetzen. Es fehlte uns häufig an der nötigen Anerkennung, und wir litten unter ständiger Kritik.

Louise Hay schreibt in ihren Büchern, dass wir etwa 25.000 Tonbandstunden mit negativen Suggestionen in uns gespeichert haben. Diese sind in unserem Unterbewusstsein verwurzelt, und schließlich betrachten wir sie als eigene Überzeugungen.

Wie können wir diesem Teufelskreis nun entkommen? Indem wir unser eigenes Selbstbild systematisch aufbauen! Je besser uns das gelingt, umso mehr verschwinden die Fremdbilder und verlieren ihre destruktive Wirkung.

Die großen religiösen Bücher der Welt sagen uns, dass alle Menschen Ebenbilder Gottes sind. Dieses Wissen schenkt uns das allerhöchste Selbstbild. Es stattet uns mit enormen Kräften aus und eröffnet uns ungeahnte Möglichkeiten. Gottes Wille und Plan ist es, dass wir alle glücklich und erfolgreich sind. Leider stellen wir uns oft selbst das Bein.

Beim Aufbau Deines neuen Selbstbildes empfiehlt es sich, Deine Erkenntnisse immer wieder durch Affirmationen zu stärken. Nur so kannst Du den destruktiven Beurteilungen und Verurteilungen Deiner Mitmenschen entkommen. Als Affirmation kannst Du z. B. verwenden: „Ich bin wie alle anderen Gottes geliebtes Kind, und mein Vater gibt mir alles, was ich brauche." Oder: „Gott liebt mich und beschützt mich immer." Viele Menschen verwenden Bibelsprüche und insbesondere Psalmen. Jeder möge seinen eigenen Weg gehen.

Du wirst nach einiger Zeit feststellen, dass Dein wahres Selbstbild allmählich in kleinen Schritten Dein Leben positiv verändert. Viele Menschen fühlen sich als Opfer ihres Schicksals. Mit dem rechten Selbstbild wirst Du zum Schöpfer Deines Lebens.

Nur wenn wir die Ur-Sachen ändern, verändert sich auch unser Leben.
Mit einem positiven Selbstbild können wir ein neues Leben beginnen.

***Ich achte darauf, dass mein wahres Selbstbild durch nichts und niemanden verfälscht wird.**

Liebe als Selbstschutz

Jeder von uns sucht Schutz und Sicherheit. Leider greifen wir jedoch traditionsgemäß zu unpassenden Maßnahmen. Werden wir durch jemanden verletzt, so reagieren wir meist mit Hass. Das geschieht in der Regel ganz automatisch, ohne dass wir darüber nachdenken. Unsere Erzieher reagierten ebenso, die Politiker denken und handeln in ähnlicher Weise.

Immer wieder lesen wir in der Zeitung oder hören in den Nachrichten, dass Angriffe mit Gegenangriffen beantwortet werden. Überall begegnen wir dem alttestamentlichen Prinzip „Auge um Auge, Zahn um Zahn". Wohin diese negativen Reaktionen im kleinen und großen Kreise führen, können wir überall deutlich erkennen. Ein Vergeltungsschlag folgt dem anderen. Krankheiten und Kriege sind die unausweichlichen Folgen.

Wie aber können wir uns in Sicherheit wähnen, wenn der „Gegner" zum Vergeltungsschlag rüstet? Erst wenn wir die überholten und untauglichen Reaktionsmuster durchbrechen, können wir einen Weg finden, der uns und anderen Sicherheit und Schutz ermöglicht. Erst wenn wir durch wohlmeinende Aktionen unsere „Feinde" in Mitarbeiter und Freunde „verwandeln", sind wir wirklich sicher.

Christus zeigt uns genau diesen Weg, wenn er sagt: „Liebet eure Feinde, tut wohl denen, die euch hassen."

Warum kommt es immer wieder vor, dass Kinder ihre Eltern oder Schüler ihre Lehrer erschießen? Ich möchte diese Gräueltaten mit nichts entschuldigen. Aber ich suche Gründe dafür. Und ein Grund könnte sein, dass Erwachsene die Jugendlichen gedemütigt und verletzt haben. In jedem Fall sollten wir mit gutem Beispiel vorangehen und unter allen Umständen negative Reaktionen vermeiden, da sie nur unheilvolle Kettenreaktionen auslösen.

Sicherheit und Schutz können wir uns nie erkämpfen, sondern nur durch verantwortungsbewusstes Denken und Handeln erarbeiten. Liebe ist auf lange Sicht unser bester Selbstschutz.

Unbesonnenes Reagieren hat für alle Beteiligten immer schlimme Folgen.
Verantwortungsbewusstes Agieren hingegen wirkt sich auf uns alle stets vorteilhaft aus.

***Heute handle ich zu meinem eigenen Schutz liebevoll und besonnen.**

Spiegelwelten

Ich saß am Fenster meines Ferienhotels und ließ meine Blicke weit hinausschweifen, hinüber zu den schneebedeckten Bergen. In den Tälern lagen verstreut kleine Dörfer. Immer mehr verlor ich mich in dieser grandiosen Architektur.

Lange verweilte ich so, bis der Abend nahte und allmählich die faszinierende Kulisse schluckte. Die Nacht schließlich verwandelte das Fensterglas in einen Spiegel, der mich und den Innenraum meines Zimmers abbildete. Dieser Spiegel gewährte mir nach dem herrlichen Ausblick des Tages nun Rückblick und Einblick. Der nahende Morgen wird die Dunkelheit dann wieder vertreiben und mir viele neue Ausblicke gewähren.

Wir erleben aber auch zuweilen Zeiten, in denen wir in „Spiegelwelten" gefangen sind und kaum mehr herausfinden. Oft verbauen wir uns selbst die Aussicht durch unsere Gedanken, Gefühle, Wünsche oder Vorurteile.

Immer wieder gilt es im Leben, unsere Spiegel in transparentes Glas zu verwandeln, das unseren Blick erweitert und uns neue Durchblicke gewährt. Für unsere Entwicklung ist der rhythmische Wechsel von immer neuen Einblicken und Ausblicken notwendig.

Wenn uns diese „offene Beschlossenheit" gelingt, erfahren wir sowohl unsere Innenwelt als auch die Außenwelt, ohne uns gefangen nehmen zu lassen, ohne uns zu verstricken.

Immer wieder müssen wir unsere Betrachtungsweise wechseln, um neue Einblicke und Ausblicke zu erleben.

*** **Ich genieße heute all die vielen Einblicke und Ausblicke.**

Steig nicht gleich ein!

Wie oft schon standen wir auf der Kirmes vor faszinierenden Achterbahnen und anderen Attraktionen. Bereits beim Zuschauen wurde es uns ganz flau im Magen. Und doch reizten uns diese schwindelerregenden „Fahrzeuge", welche die begeisterten Fahrgäste in den Himmel hoben und wieder nach unten beförderten. Vielen wurde es bei diesen abenteuerlichen Ausflügen schlecht. Aber es ist schon viel Schlimmeres vorgekommen. Auf manchen Volksfesten löste sich eine Gondel plötzlich aus ihrer Verankerung, und es gab mehrere Tote. Das ist zwar sehr selten, aber es kommt doch immer wieder einmal vor.

Auch in unserem Leben gibt es Situationen, in denen wir uns entscheiden müssen, ob wir „einsteigen" wollen oder nicht. Meist entscheiden wir uns nicht bewusst, sondern lassen uns von anderen beeinflussen. Und dabei sind es oft die wichtigsten Entscheidungen unseres Lebens!

Viele Menschen ergreifen einen Beruf, den sie sich haben aufschwatzen lassen, weil andere meinten, dass man da gut verdiene, und das sei schließlich wichtig. Oder wir schlittern unbesonnen in eine katastrophale Ehe. Wie schwer ist es dann, aus diesem Berufs- oder Ehekarussell wieder herauszukommen!

Es gibt noch viel anderes Reizvolle im Leben, das uns in eine Falle locken kann, aus der es manchmal kein Entrinnen mehr gibt. So manche Situation versetzt uns in eine Art Rausch und schaltet den Verstand aus. Unsere Emotionen reißen uns fort, und wir sind uns nicht über die Folgen im Klaren. In jungen Jahren fehlt uns natürlich die Erfahrung. Aber auch als reife Menschen tappen wir immer wieder in die gleichen Fallen. Nach vielen Enttäuschungen habe ich mir angewöhnt, mir vorher genau zu überlegen, ob und wo ich einsteige.

Wir sollten vor dem Einstieg zuerst alles mehrmals überschlafen. Oft warnen uns Träume. Unsere Emotionen dürfen zwar schon eine bestimmte Rolle spielen, aber wir müssen auch unseren Verstand zu Rate ziehen. Es muss eben alles stimmen. Sehr hilfreich ist es auch, wenn wir unsere Situation schriftlich niederlegen und Fragen und Antworten aufschreiben. Wir gehen so über unser normales Bewusstsein hinaus und erreichen unser Unterbewusstsein und Überbewusstsein. Es zeigen sich plötzlich völlig neue Möglichkeiten, die wir vorher gar nicht sahen.

Alle unsere Fehlentscheidungen resultieren aus einer kurzschlüssigen Bewusstseinseinschränkung. Erweitern wir unser Bewusstsein, so betrachten wir plötzlich diese Dinge von einer höheren Warte aus.

Es gibt auf allen Gebieten erfahrene Menschen, die grundsätzlich erst einmal nein sagen. Sie haben dann Zeit zum Überlegen und können später immer noch ja sagen. Ich möchte Dir raten, lass Dir bei jedem „Einstieg" Zeit. Sicher findest Du in Deinem Leben genügend Beispiele, wo Du Dein unüberlegtes Handeln bereut hast. Vorsicht ist immer besser als „Nachsicht". Wer nicht vorausschaut, hat eines Tages das Nachsehen!

Solange wir unerfahren sind, „steigen" wir allzu schnell in etwas ein.
Gerade bei den wichtigsten Entscheidungen in unserem Leben wählen wir oft den falschen „Zug".

***Heute überlege ich mir genau, wo ich „einsteige".**

Tanzen

In einem Buch über das Tanzen las ich einmal, dass die Autorin mit einer Freundin, die großen Liebeskummer hatte, in den Urlaub fuhr. Nichts half ihr. Eines Abends gingen die beiden zum Tanzen, und das brachte die Trauernde wieder zurück ins Leben. Es wirkte wie ein Wunder.

Nun werden viele einwenden: „Ich habe mit dem Tanzen nichts am Hut. Außerdem brauche ich dazu einen Partner." Ich rate Dir, einmal Folgendes auszuprobieren: Lege Deine Lieblingsmusik auf und tanze allein dazu, so wie es Dir zumute ist. Du musst nicht auf Tanzschritte achten. Gebrauche Deine Arme und Beine nach Lust und Laune. Fühle Dich wieder wie als Kind und nimm dir alle Freiheiten heraus. Lass Dich allein von Deiner Freude und Fantasie führen. Kein Reglement mag Dich beschränken. Du bist ja alleine. Keiner lacht über Dich oder kritisiert Dich. Was Du auch tust, es ist richtig und passt zu Dir.

Nach einiger Zeit wirst Du spüren, wie gut Dir alles tut. Tanzen ist eine wundervolle „Therapie" für allerlei Beschwerden. Deine Lieblingsmusik setzt Endorphine in Dir frei. Diese Glückshormone bringen Dich in einen rauschähnlichen Zustand, jedoch ohne nachfolgenden Kater. Du musst auch keine Nebenwirkungen befürchten.

Deine Füße verbinden Dich immer wieder mit der Erde, und Deine Arme greifen in den Himmel. Du streckst Dich wohlig zwischen diesen Polen und erhältst von beiden Kraft. Alle Deine Gelenke lockern sich, so dass die Energie durch Deine Kanäle strömen kann. Jede Bewegung lädt Dich neu auf. Du fühlst Dich wie unter einer Energiedusche. Ich habe in meine morgendlichen Übungen auch den Tanz eingebaut und freue mich jedes Mal gerade auf diesen Teil.

Wenn Du alles ausprobiert hast, wirst Du wahrscheinlich nicht mehr davon lassen können. Du kannst Dir damit manche Tabletten ersparen. Und es macht außerdem noch Spaß. Auch wenn Du ein absoluter Tanzmuffel bist, probiere es trotzdem. Ich wette, Du bleibst keiner!

Tanzen ist eine wundervolle Therapie für mancherlei Beschwerden.
Es wirkt befreiend auf Körper, Geist und Seele.
Auch wenn Du nicht gerne tanzt, empfehle ich Dir, es einmal allein mit Deiner Lieblingsmusik auszuprobieren.

******Ich fange heute mit dem Tanzen an.***

Unberührtheit

Von Ramakrishna stammt das schöne Wort: „Das Boot darf im Wasser, aber das Wasser nicht im Boot sein." Damit ist gemeint, dass wir Menschen zwar in der Welt wirken sollen, aber dass uns die Welt nicht gefangen nehmen darf. Leider lassen wir uns viel zu viel von allem Möglichen berühren. Das verwirrt uns und raubt uns Energie.

In der Natur finden wir immer wieder beeindruckende Beispiele, wie sich Tiere und Pflanzen abgrenzen und schützen. Die Enten z. B. werden selbst beim Tauchen nicht nass. Ihr Körperfett lässt das Wasser einfach abperlen. In der kalten Jahreszeit bekommen die meisten Tiere ein Winterkleid, damit ihnen die Kälte nichts anhaben kann. Die Bäume „verschließen" sich im Winter, um Saft und Kraft für den kommenden Frühling zu bewahren.

Oft wird im Zusammenhang mit der Unberührbarkeit die schöne Lotosblume genannt. Sie wächst aus dem Schlamm heraus, aber ihre prachtvollen Blüten werden davon nicht berührt. Der Himmel zeigt nach dem Durchzug von Flugzeugen nach kurzer Zeit keinerlei Spuren mehr. Unberührt strahlt er in seinem tiefen Blau weiter.

Aus all diesen Beispielen können wir ebenfalls lernen, unberührt zu sein. Doch wie stört uns oft schon die Fliege an der Wand oder das Haar in der Suppe. Aus Mücken machen wir Elefanten. Und so können Bagatellen manchmal in Katastrophen enden.

Mit Unberührtheit ist keinesfalls Gleichgültigkeit gemeint. Wir dürfen uns kein „dickes Fell" zulegen, durch das nichts mehr hindurchdringt. Es sollte uns zwar nichts entgehen, und wir dürfen alles registrieren, aber nichts davon sollte uns treffen oder gar verletzen.

Manche von uns wirft das ständige Berührtwerden von außen geradezu aus der Bahn. Wir müssen eben lernen, empfindsam, aber nicht empfindlich zu sein. Alles sollte uns als Informationsflügel dienen und nicht als Emotionsfesseln gefangen nehmen. Auf diesem Wege gelangen wir aus der Abhängigkeit in die Freiheit. Wir sind dann nicht mehr manipulierbar und entziehen uns damit dem Machtbereich vieler Menschen und Institutionen.

Nur durch Unberührbarkeit gelangen wir ans Ziel.

***Unberührtheit lässt mich mein Ziel geradlinig verfolgen.**

Verankerungen

Ob ein Schiff bei Sturmflut im Hafen geborgen liegt oder ob es hilflos dahintreibt, darüber entscheidet seine Verankerung. Auch in unserem Alltagsleben herrschen zuweilen gefährliche Stürme, und dann brauchen wir ebenfalls einen sicheren Halt.

Wer sich an Dinge oder Menschen bindet, der wird früher oder später erleben, dass er von der Flut des Lebens, die ständig alles verändert, weggeschwemmt wird. Dinge verlieren ihren Wert, gehen verloren oder werden gestohlen. Menschen verlassen uns bisweilen oder sterben. Alle Weisheitslehren sagen uns das, und unsere eigenen Erfahrungen belegen es immer wieder: Auf Menschen und Dinge können wir nicht „bauen".

Die Kirchen verweisen auf Gott als das einzig Verlässliche. Dabei lassen wir uns aber oft von einer Institution gefangen nehmen, die unsere direkte Verbindung zu Gott unterbricht. Große Persönlichkeiten verweisen ebenfalls auf Gott, aber auf den Gott, der in uns allen ist und dort unmittelbar zu uns spricht. Er kann und will von niemandem nur für sich allein beansprucht werden. Er ist nicht der Anwalt weniger Menschen oder Institutionen, sondern der Vater aller seiner Kinder.

Wenn wir recht in uns verankert sind, dann sind wir auch in Gott verankert. Rechter Glaube an Gott schließt den Glauben an uns selbst ein. Und dann können uns die Stürme des Lebens nicht mehr fortreißen. Unsere Bildung hat uns die Verankerung im eigenen Ursprung nicht beigebracht. Christus lehrte uns die direkte Verbindung zu unserem Herrgott, ohne die Vermittlung einer Institution. Deshalb kreuzigten ihn ja auch die Schriftgelehrten. Er bekannte: „Ich und der Vater sind eins."

Im Volksmund heißt es, jemand steht zu sich oder er ruht in sich. Damit ist diese Verankerung angesprochen, die uns vor den Stürmen des Lebens schützt. Ein Philosoph sagte einmal: „Der eigentliche Atheist ist der, der nicht an sich selbst glaubt."

Angst beherrscht oft unser Leben. Durch Bindung an Menschen und Dinge versuchen wir, ihr zu entkommen.
In den Stürmen des Lebens kann uns nur eine sichere Verankerung retten.
Wenn wir Gott in uns entdeckt haben, können wir allem standhalten.

******Ich verankere mich in meinem göttlichen Selbst.***

Tödlicher Virus

Die Wissenschaftler sind ständig auf der Suche nach schädlichen Viren. Auch unsere Computer werden zuweilen von diesen befallen. Der schädlichste Virus aber wurde von der Wissenschaft noch nicht gefunden. Er liegt auf einer anderen Ebene. Seit Menschengedenken zerstört er unzählige Einzelwesen und Gemeinschaften.

Nur durch lebenslange harte Arbeit kann er unschädlich gemacht werden. Dieser gefährliche Virus ist das Ego, das nur sich selbst sieht und alle anderen ausschließt. Die großen Menschheitslehrer haben diese „Krankheit" diagnostiziert und uns gleichzeitig Therapieanleitungen gegeben. Alle Weisen haben stets versucht, das Ego zum Selbst zu führen. Das Kreuz, das wir in allen Kulturen finden, ist das Symbol, durch das unser Ego (die Waagerechte) von dem Selbst (der Senkrechten) durchgestrichen wird.

Diese Gedankengänge geistern zwar durch unsere Köpfe und Bücher, aber sie werden im Leben nicht in die Praxis umgesetzt. Alles Leid hat hier seinen Ursprung. Das Ego verkörpert die schlechten Eigenschaften, während das Selbst die guten darstellt. Es bedarf heute einer spirituellen Wissenschaft, um diesen gefährlichen Virus zu erkennen und zu vernichten. Unsere weltliche Wissenschaft ist selbst von ihm befallen und daher für die gesamte Problematik blind.

Betrachten wir unser eigenes Leben, so können wir, wenn wir ehrlich mit uns ins Gericht gehen, die gefährlichen Verhaltensweisen unseres Ego erkennen. Ich selbst sehe die Ursache meiner Krankheiten in den „Aktivitäten" meines Ego.

Es ist nicht immer leicht, die Zusammenhänge zu erkennen. Aber wenn wir uns ohne Schönfärberei im Abstand betrachten, dann werden sie immer klarer. Niemand kann uns die Arbeit abnehmen, um uns von diesem Virus zu befreien. Die Medizin behandelt die Krankheiten des Körpers, die Psychologie die der Seele. Aber welcher Arzt oder Psychologe hat sein eigenes Ego durchschaut oder besiegt? So bleibt uns nur die Selbsthilfe. Wer den Mut hat, damit zu beginnen, der ist am Ende nicht nur gesund, sondern heil.

Die Wissenschaft sucht die krank machenden Viren im Äußeren.
Der größte Feind des Menschen aber liegt in ihm selbst.

*** **Ich will nicht die Fehler im Äußeren suchen, sondern in mir selbst.**

Wechsel des Standpunkts

Oft jagt in unserem Kopf ein Gedanke den anderen. Wir fühlen uns wie von den Wellen des Meeres überrollt. Immer neue Wogen schlagen über uns zusammen. Mit aller Kraft versuchen wir dann, an den „Strand der Ruhe" zu gelangen. Dort können wir als Beobachter Abstand nehmen. Wir haben unseren Standpunkt gewechselt, und das verändert alles. Auch die Spieler auf dem Spielfeld verändern ständig ihren Standpunkt und gehen alles immer wieder von einem neuen Blickwinkel aus an.

Ein anderes Beispiel mag uns dasselbe veranschaulichen. Fixieren wir unseren Blick auf einen Ausschnitt eines Gemäldes, so mag uns dieser magisch anziehen. Je mehr wir uns in diesen Teil vertiefen, umso mehr werden wir gefangengenommen. Oft fällt es uns schwer, uns wieder davon zu lösen. Wechseln wir aber die Perspektive und überschauen das gesamte Bild, so befreien wir uns aus kleinkarierter Identifikation.

Probiere diesen Wechsel des Standpunkts und Blickwinkels immer wieder einmal aus, wenn Dich etwas zu sehr gefesselt hält.

Der Weg vom Zentrum zur Peripherie und umgekehrt gleicht dem Atem des Lebens, der alles durchpulst. Jedes Fixiertsein muss immer wieder aufgelöst werden. Alles Starre bedeutet Tod, während der Wechsel Leben bewirkt.

Feste Standpunkte und Sichtweisen nehmen uns oft gefangen und berauben uns unserer Freiheit.
Ein Wechsel des Standpunkts erschließt uns neue Perspektiven.

*****Heute betrachte ich alles von verschiedenen Standpunkten aus.**

Zeit – unser wertvollstes Gut

Ich denke oft daran, wie mein Vater uns Kindern klar zu machen versuchte, wie kostbar die Zeit ist und dass wir sie unbedingt nutzen sollten. Wir haben jedes Mal darüber gelacht. Meine Schwestern und ich glaubten damals, dass unsere Jugend wohl nie entschwinde. Das Alter unserer Eltern lag für uns in unendlicher Ferne. Und heute, da ich noch um einiges älter bin als damals meine Eltern, „predige" ich den Jungen genau dasselbe, und sie begreifen es ebenso wenig, wie wir es verstanden.

Ich möchte Dir durch einige Beispiele zeigen, wie weit Du auf Deiner Zeitlinie bereits fortgeschritten bist. Ein 20-Jähriger glaubt sich blutjung, mit unendlicher Zukunft. Dabei hat er je nach Annahme der Lebenserwartung bereits ein Drittel, mindestens aber ein Viertel seiner Lebenszeit hinter sich. Die noch verbleibende Zeit rast jedoch unvergleichlich schneller dahin als die fast nie enden wollende Schulzeit. Beruf und Ehe nehmen uns dermaßen in Anspruch, dass die Jahre nur so dahinschwinden. Wie ein Zug am Anfang erst in Fahrt kommen muss, dann aber dahinrast, so auch unser Leben. Mit 40 halten wir uns noch für recht jung, aber wir haben etwa die Hälfte unseres Lebenswegs zurückgelegt. Die Gesundheitsstatistik sagt uns, dass dann die meisten von uns bereits chronisch krank sind.

Die ersten Alterungsprozesse setzen schon mit 25 Jahren ein. Das zeigt sich deutlich bei sportlichen Leistungen. Die Lungenkapazität nimmt bereits ab. 30-jährige Fußballspieler gehören allmählich zu den „alten Herren". Es zeigen sich die ersten Abnutzungserscheinungen an den Gelenken, Bändern und Sehnen.

Aus all dem ersehen wir, dass wir keine Zeit zu vergeuden haben und dass das Denken „Ich habe doch noch so viel Zeit" nicht angebracht ist. Eine nützliche Einstellung ist: „Ich will diesen Tag leben, als sei er mein letzter." Und wer weiß, ob es nicht tatsächlich der letzte ist.

Geld und Gut, das wir verloren haben, können wir möglicherweise wieder durch Fleiß und Arbeit zurückgewinnen. Die Zeit jedoch ist unwiederbringlich. Keine einzige Sekunde kann je zurückgeholt werden. Einmal verloren, ist sie für immer dahin. Daher ist die Zeit wirklich unser wertvollstes Gut. Ist sie einmal abgelaufen, und wer weiß, wann das ist, dann wird alles andere in einem Augenblick plötzlich wertlos.

Deshalb raten uns alle Weisen zum „Zeitgeiz". Es gibt Augenblicke, in denen uns diese Wahrheit dämmert, aber immer wieder schieben wir die lästigen Gedanken beiseite, und wir leben, als ob wir Zeit im Überfluss hätten. Häufig überbewerten wir die Macht des Geldes, während wir den Wert der Zeit unterschätzen.

Wie viele Menschen hätten am Ende ihres Lebens gerne ihr ganzes Hab und Gut für ein paar Jahre eingetauscht. Aber noch niemandem ist das gelungen. Weise lebt, wer den Wert der Zeit erkennt, bevor es zu spät ist.

Die meisten von uns entdecken den Wert der Zeit erst, wenn es zu spät ist.
Vieles, was wir verloren haben, können wir wieder zurückholen.
Die Zeit hingegen ist unwiederbringlich.

*****Ich nutze heute jeden Augenblick meiner wertvollen Zeit.**

Zufriedenheit

Unzufriedenheit verursacht Stress, und Stress ist die Hauptursache für viele Krankheiten. Woher kommt nun unsere Unzufriedenheit? Sie wird sowohl von innen als auch von außen geschürt. Unser Ego ist gierig, will immer mehr, wie viel wir auch schon haben. Solange das Verlangen in uns brennt, können wir keine Zufriedenheit genießen. Auf der anderen Seite wird die Unzufriedenheit ständig von unserer Konsumwelt angefacht, denn nur so kann der Umsatz gesteigert werden. Wo wir hinsehen, wird uns eingeredet, ja eingebläut, dass wir dieses und jenes unbedingt brauchen. Die Werbung arbeitet mit Bedürfniserweckung und suggeriert uns Wünsche, die wir von uns aus gar nicht hätten.

Ich kann mich noch gut an mein Zimmerchen in meiner Schülerzeit erinnern. Es war etwa sechs Quadratmeter groß. Darin standen nur ein einfacher Schrank und ein Bett. Aber ich war damals so glücklich und zufrieden wie später kaum mehr, als ich dann „alles" hatte. Heute weiß ich, dass Zufriedenheit nicht durch Besitz, Erfolg oder andere hochgeschätzte Statussymbole zu erkaufen ist, sondern allein durch das Bewusstsein unseres Selbst und die Dankbarkeit für das, was man ist und hat. Das Verlangen nach immer mehr ist wie eine Krebswucherung, die uns schließlich zerfrisst.

Sicher hast auch Du schon manchmal erlebt, mit wie wenig Du glücklich und zufrieden sein konntest und dass Zufriedenheit aus dem eigenen inneren Sein entspringt und nicht aus äußerem Besitz. Wir sind ja alle hier auf der „Durchreise", auf einer geistigen Pilgerfahrt und sollten mit leichtem Gepäck reisen. Was wir nicht brauchen, belastet uns nur.

Obwohl wir wissen, dass unser Leben sehr kurz ist und wir nichts, aber auch gar nichts mitnehmen können, horten wir immer mehr, als ob uns das alles auf ewig gehörte. Christus sagte uns: „Sammelt euch Schätze, die weder Motten noch Rost fressen." Und das sind eben die Schätze unseres Geistes und unserer Seele. Diese Dinge können wir auch mitnehmen, wenn unser Leben zu Ende ist.

So, wie uns die chronische Unzufriedenheit auf Dauer krank macht, so schenkt uns das Zufriedensein Gesundheit. Es verbindet die Lebensströme Yin und Yang in uns, und das hat jene seelische Ausgeglichenheit zur Folge, die für unsere Gesundheit notwendig ist.

Neben der krankhaften Unzufriedenheit gibt es aber auch eine gesunde, produktive Unzufriedenheit, die uns anregt, uns zu entwickeln und unsere Pflicht, die uns aufgegeben ist, freudig zu erfüllen. Beides sind zwei sehr unterschiedliche „Geschwister", und wir sollten bewusst wählen, mit welchem Teil wir uns anfreunden.

Wollen wir zufrieden sein, dann müssen wir zu vielen inneren und äußeren Verführungen Nein sagen können. Ich fragte einmal einen alten, weisen Menschen, was er heute besser machen würde, wenn er noch einmal von vorne anfangen könnte. Die Antwort lautete: „Öfter Nein sagen."

Wie alles Wichtige im Leben kann auch Zufriedenheit nicht erkauft werden.
Die Gier des Ego und die Bedürfniserweckung unserer Zeit sind die größten Feinde der Zufriedenheit.

******Ich bewahre mir die wohltuende Wirkung der Zufriedenheit.***

B.

Umgang mit anderen

Der Umgang mit anderen spiegelt das Verhältnis wider, das wir zu uns selbst haben. Wer sich selbst nicht schätzt und liebt, der kann auch seinen Mitmenschen nicht mit Achtung und Liebe begegnen. Auch hier muss jede Veränderung, die wir wünschen, zuerst in uns beginnen.

Unsere Einstellung und geistige Sichtweise färbt unsere gesamte Umwelt. Wir laufen oft mit einer dunklen Brille herum und erwarten, dass es um uns hell ist. Nur wenn wir die dunkle Brille gegen eine helle eintauschen, lacht uns die Welt strahlend entgegen.

Verwandeln wir uns, so verwandelt sich auch die Welt.

Ausweichen

Im Straßenverkehr versuchen wir normalerweise auszuweichen, um Unfälle zu vermeiden. Leider gibt es aber doch immer wieder Zusammenstöße, weil manche Menschen stur nach den Verkehrsregeln fahren, ohne Rücksicht auf Verluste. Andere Unfälle passieren, weil die Verkehrsregeln nicht beachtet werden. In östlichen Ländern fahren die Verkehrsteilnehmer gegen alle Regeln wild durcheinander. Da sie aber aufeinander Rücksicht nehmen, passiert erstaunlich wenig.

Doch nicht nur im Straßenverkehr kommt es zu Zusammenstößen. Auch im alltäglichen Leben prallen wir oft aufeinander und „fahren uns an", wenn wir gegenteiliger Meinung sind. Das ist die Folge unseres allgemeinen Konkurrenzdenkens, welches das Gegeneinander und nicht das Miteinander fördert. Dabei verlieren wir nicht nur viel Zeit und Energie, sondern manchmal sogar das Leben.

Wenn uns etwas trifft, legen wir oftmals nicht einmal eine kurze Denkpause ein, sondern reagieren sofort. Diese Reaktion wird genährt und begleitet von negativen Emotionen. Unser Gegenüber schaukelt mit seiner Antwort das Ganze noch weiter auf, und jeder versteift sich immer mehr auf seinen Standpunkt.

Wir Menschen haben das Recht, ja die Pflicht, „eigenartig" zu sein. In der Natur gibt es bei aller Verschiedenheit keine Auseinandersetzungen. Alles trägt zur bunten Vielfalt bei, die uns erfreut.

Wenn uns jemand beleidigt, so liegt es an uns, ob wir diese Beleidigung annehmen wollen. Wir können wie bei einem Brief die Annahme verweigern, dann geht er an den Absender zurück. Das ist nicht Feigheit und Schwäche, sondern zeugt von Weisheit und Stärke.

Wie viel Zeit und Energie haben wir nicht schon durch vermeidbaren Streit verloren. Ein elegantes Ausweichmanöver hätte uns viel ersparen können. Im Leben wie im Straßenverkehr gilt es, uns aus gefährlichen Situationen herauszumanövrieren. Wir gewinnen dadurch auf vielfältige Art und Weise.

Als Kinder haben wir uns auf dem Volksfest voller Freude mit den „Box-Autos" gegenseitig angerempelt. Als Erwachsene sollten wir im Alltag lieber ausweichen. Das Schweigen z. B. kann ein solches Ausweichen sein. Es ist von großer Kraft und beweist Stärke. Dabei verletzen wir weder uns noch andere. Ferner kann ein liebevolles Lächeln Gutes in uns und im anderen auslösen. Du hast es sicher schon erlebt. Gelingt uns das, so können wir negative Energie in positive Bahnen lenken.

Wir können niemanden verändern außer uns selbst. Wenn wir das erkennen und praktizieren, werden wir und auch die anderen aus jeder Auseinandersetzung als Sieger hervorgehen. Nur das sind echte Siege, bei denen alle gewinnen!

Man hat uns beigebracht, das Leben sei ein Kampf.
Aber wir müssen nicht immer kämpfen.
Jedes „Aneinandergeraten" im Alltag kostet uns viel Zeit und Energie.
In den meisten Fällen empfiehlt sich ein geschicktes Ausweichen.
So wird niemand verletzt, und alle Beteiligten gehen als Gewinner hervor.

*****Ich übe heute „Ausweichmanöver" und gewinne dadurch Zeit und Energie.**

Beziehungen als Chancen

Warum haben wir unseren Partner am Anfang so geliebt? Weil er anders war als wir. Die kleine Frau sucht sich als Ergänzung einen großen „Bären", der ruhige Mann hält Ausschau nach einer temperamentvollen Frau.

Mit den Jahren findet man diese Gegensätze nicht mehr so reizvoll. Sie „reizen" die Partner vielmehr im Stress des Alltags und führen zu Auseinandersetzungen. Die kleine Frau fühlt sich immer mehr von dem großen und schweren Mann erdrückt. Der ruhige Mann sieht in seiner temperamentvollen Frau nunmehr ein Nervenbündel, das ihn ständig stresst. Die Ergänzungen wandelten sich zu Gegensätzen, von denen jeder meint, sie nicht mehr ertragen zu können.

Erst nach einer Trennung sieht so mancher, was er am anderen verlor. Die Einsamkeit lässt die Probleme in einem neuen Licht erscheinen. Den meisten fehlt plötzlich die andere, die „bessere" Hälfte. Oft gibt es eine „Wiedervereinigung", oder aber es wird dasselbe „Drama" mit anderen Partnern durchgespielt. Glücklich das Paar, bei dem es erst gar nicht so weit kommt.

Wir sollten uns in unserer Freizeit nicht für fremde Liebesaffären, die uns die Medien anbieten, interessieren, sondern für unsere eigene Liebesgeschichte. Dann entdecken wir plötzlich wieder, dass das, was uns heute vielleicht stört, uns früher entzückte. Wenn uns das gelingt, dann haben wir den Schritt von der Verliebtheit zur Liebe geschafft. Was uns am Anfang als Gabe erschien, das wird nun zur Aufgabe, denn ohne Arbeit an sich selbst kann auf Dauer keine Beziehung bestehen.

Die beiden besten Garanten für ein schönes Zusammenleben sind die Akzeptanz des anderen und die Arbeit an sich selbst. So können wir das schöne Wort von Marie von Ebner-Eschenbach erleben: „Wenn es einen Himmel auf Erden gibt, dann in einer guten Ehe." Aus eigener Erfahrung in meiner ersten Ehe würde ich ergänzen: „Und wenn es eine Hölle auf Erden gibt, dann in einer schlechten Ehe."

In einer guten Ehe gewinnen Mann und Frau. Die Herausforderungen, welche das Leben für beide bereit hält, begünstigen die Entfaltung jedes einzelnen. In keiner anderen Gemeinschaft ist so etwas möglich.

Jede Beziehung hat ihre Schwierigkeiten.
Wenn wir Schwierigkeiten vermeiden wollen, verpassen wir die Entfaltung unserer Persönlichkeit und unserer Liebesfähigkeit. Eine gute Beziehung kann etwas leisten, was ein Einzelner nicht zustande bringen kann.

******Ich arbeite heute an mir,**
um meine Beziehung zu verbessern.

Distanz ohne Distanziertheit

Die meisten von uns tragen hinter ihrer Fassade so manche Wunden, die ihnen das Leben schlug. Viele unserer Verletzungen kommen daher, weil wir keine Distanz halten konnten. Wir benahmen uns oft wie junge Hunde, die auf einen Igel losstürmen und dann mit blutender Schnauze abziehen.

Ich erinnere mich an einen Urlaub auf den Kanarischen Inseln. Dort genoss ich das Schwimmen im blauen Meer. Auf einmal sah ich ein wunderschönes Schiffchen daherschwimmen. Wie ein Kind griff ich hastig danach. Aber blitzschnell zog ich von Schmerz durchzuckt die Hand zurück. Als ich wieder im Hotel war und jemanden fragte, was ich da wohl berührt hätte, sagte man mir, dass es eine giftige Spanische Galeere gewesen sei.

Wie viele von uns haben sich schon von einer schönen „Männer- oder Frauenfassade" täuschen lassen und sich dabei gehörig „die Finger verbrannt"! Manchem brach dabei das Herz. Auch mir hat das Leben einige Wunden geschlagen. Allen, die sich beim Hineingreifen in die duftenden Rosen des Lebens nicht immer wieder an den Dornen stechen wollen, möchte ich einige Tipps geben.

Im Grunde ist alles, dem wir im Leben begegnen, göttlich und damit gut. Aber das Göttliche zieht sich verschiedene Gewänder an. Im Osten nennt man diese verführerischen „Outfits" Maya. Wenn wir uns zu sehr darin verfangen, dann werden wir eines Tages „aus allen Wolken fallen".

Das einzige, was uns dabei helfen kann, uns nicht in den Dornen von Menschen und Dingen zu verfangen, ist eine gewisse Distanz. Ich meine hier keine hochmütige Distanziertheit, sondern eine sehende und achtungsvolle Distanz. Mit dieser Haltung können wir den oft täuschenden Vordergrund bis hin zum göttlichen Hintergrund durchschauen. So ver-wickeln wir uns nicht in die Netze dieser Welt, sondern können uns ent-wickeln.

Nachdem wir uns lange Jahre wie die kleinen Kinder benommen haben, die auf alles neugierig zurennen, was sie fasziniert, werden wir immer vorsichtiger. Kinder würden ohne Vorwarnung sogar auf einen prachtvollen Löwen zugehen. Es könnte zwar durchaus einmal vorkommen, dass ein solches Raubtier durch die ungewohnte Zutraulichkeit so verwirrt wäre, dass es nicht zubeißen würde. Aber im Normalfall besteht natürlich Lebensgefahr. Ich lernte Menschen kennen, die gefährlicher als Raubtiere waren, und habe dabei mächtige Prankenhiebe abbekommen.

Es gibt in unserem Leben viele gefährliche Situationen, die für uns zu einer Zerreißprobe werden können. Nur ein gewisser Abstand und ein Blick für Fassade und Hintergrund können uns vor Schäden bewahren.

Vergessen wir aber auch nicht, dass wir selbst schon viele Menschen getäuscht und verletzt haben. Das ist das bunte Spiel des Lebens, in dem wir alle unsere Rollen spielen.

In der Jugend neigen wir zu Distanzlosigkeit.
Nachdem wir uns aber an den Dornen des Lebens verletzt haben, erkennen wir allmählich, dass zum Leben eine gewisse Distanz notwendig ist.
Nähe und Distanz sind wie Ein- und Ausatmen.

*****Ich übe mich heute in einer achtungsvollen Distanz, die mir und anderen gut tut.**

Enttäuschungen sind Befreiungen

Es hat noch nie einen Menschen gegeben, der in seinem Leben nicht große Enttäuschungen verkraften musste. Viele beneiden Millionäre, Künstler, Schauspieler, Politiker, Fernsehstars etc. Aber die meisten von diesen machen größere Enttäuschungen durch als der Durchschnittsmensch. Die Gefahr der Drogensucht und die Selbstmordrate ist hier besonders groß.

Mein eigenes Leben war reich an Enttäuschungen, und ich wähle das Wort „reich" ganz bewusst, denn ich sehe heute im Nachhinein, wie wertvoll diese Enttäuschungen für mich waren.

Betrachten wir einmal die Vorsilbe „ent-" genauer. Sie bedeutet „aus" oder „heraus". Wir ent-rinnen einer Gefahr, wir ent-kommen einem Verfolger. Oder eine Situation ent-wickelt sich. In allen diesen Fällen bedeutet die Silbe „ent-" Befreiung. Immer beschreibt sie eine positive Ent-Wicklung. Die Ent-Täuschung führt uns aus der Täuschung heraus. Allerdings haben wir uns oft in unserer Täuschung so häuslich eingerichtet, dass wir nicht mehr aus ihr heraus wollen.

Wenn wir also unbedingt weiterschlafen möchten, dann wirken auf uns Enttäuschungen, wie wenn man uns aus dem warmen Bett scheucht. Wollen wir aber unser Leben der Wahrheit und nicht der Täuschung widmen, dann können wir jede Ent-Täuschung als eine Befreiung begrüßen.

Ich möchte Dir dazu ein Beispiel erzählen: Bei langen Wanderungen über weite Schneefelder sinken manche Menschen oft völlig erschöpft in den Schnee und schlafen ein. Ihre Müdigkeit gaukelt ihnen seligen Schlaf vor. In Wirklichkeit aber würde sie diese Täuschung das Leben kosten, wenn ein anderer nicht grob auf sie einschlagen und sie zwingen würde, sich zu erheben und die anstrengende Wanderung fortzusetzen. Das Angenehme bedeutet hier Lebensgefahr, während das Unangenehme Lebensrettung sein kann. Nachdem der Schlafende „wachgeohrfeigt" wurde, wird er seinen „Peiniger" zuerst als seinen Feind betrachten. Noch weiß er nicht, dass er einen guten Freund vor sich hat, der ihm das Leben rettete.

Wenn wir also in unserem Leben wieder eine schlimme Ent-Täuschung erleiden, so sollten wir uns fragen, ob wir nicht dadurch einer Gefahr entronnen sind.

Enttäuschungen erscheinen uns zunächst unangenehm. Schwelgen wir in Selbstmitleid und bauschen die Enttäuschungen mit Emotionen auf, dann werden sich bald weitere Schwierigkeiten einstellen.
Versuchen wir jedoch, ihre Botschaft zu verstehen und ihr zu folgen, so kann sie uns befreien.

*** **Ich will heute verstehen, was mir meine Enttäuschungen sagen wollen.**

Hingabe

In unserer Zeit hält man nichts vom Geben, man ist vielmehr aufs Nehmen eingestellt. Echte Hingabe ist zu einem Fremdwort geworden. Wir glauben, dass der Reichtum des Lebens im Nehmen und Besitzen besteht. Aber alles, was uns jetzt gehört, werden wir eines Tages wieder hergeben müssen.

Unser angeblicher Besitz ist eine vorübergehende Illusion, die uns narrt. Dennoch berauschen wir uns an diesen verführerischen Träumen und versuchen uns daran festzuhalten. Aber immer wieder zerrinnt uns alles wie Sand zwischen den Fingern.

Beim Nehmen und Geben geht es um Dinge. Hingabe aber erfordert, dass wir uns selbst geben. Hingabe ist etwas Totales. Und davor schrecken wir oft zurück.

Viele Menschen wollen heute keine Ehe oder feste Beziehung mehr eingehen, weil sie sich dann ihrer Freiheit beraubt fühlen. Überall halten wir uns ein Hintertürchen offen, durch das wir leicht entschlüpfen können, wenn es uns danach ist. Dadurch lernen wir nie die Segnungen kennen, die allein die Hingabe verleiht.

Nur diese kann uns letztlich die Erlösung bringen, die wir alle im Tiefsten ersehnen.

Natürlich müssen wir uns das „Objekt" der Hingabe sorgfältig auswählen. Sich einem unpassenden Partner oder Beruf auszuliefern, wird uns kein Glück bringen. Hingabe an einen passenden Partner oder an seine Berufung jedoch ist bereits das höchste Glück, trotz aller Schwierigkeiten, die zu meistern sind.

Echte Hingabe entbindet uns von allen einengenden Fesseln und vereint uns mit dem, was wir lieben. Alles Große in der Welt wurde durch Hingabe „geboren". Kinder werden durch Hingabe gezeugt, Werke von Kunst und Wissenschaft sind geistige Kinder hingebungsvoller Arbeit. Diese Arbeit ist immer mit Opfern verbunden, aber Opfer sind die Ur-Sache des Lebens.

Du hast diese Weisheit sicher selbst schon erfahren. Je mehr Du sie praktizierst, umso reicher wird Dein Leben werden und umso besser verstehst Du das Wort: „Geben ist seliger denn Nehmen." Nur wer sich ganz hingibt, erlebt das Geheimnis voller Entfaltung.

Jeder kleine Same, aus dem einst ein riesiger Baum wird, muss sich erst auflösen, erst sterben, damit der Wachstumsprozess in Gang kommen kann. Hingabe ist also die Voraussetzung jedes Wachstums.

Geben und Hingabe sind in unserer Zeit unmodern geworden. „Was bringt mir das?", ist heute unser Motto.
Es dauert lange, bis wir endlich begreifen, dass das Glück, das wir suchen, eigentlich nur durch Hingabe erreicht werden kann.

*****Ich will heute nicht nur nehmen, sondern auch geben.**

Unser *Leben* ist unsere Botschaft

Auf allen möglichen Wegen und Umwegen versuchen wir, mehr Energie zu bekommen, denn Energie ist der „Sprit" für unsere Lebensfahrt. Geht er aus, dann bleiben wir stehen.

Auf unserer Suche vergessen wir aber leider immer wieder, die einfachsten und wirkungsvollsten Energiequellen, die uns jederzeit zur Verfügung stehen, zu erkennen und zu nutzen. Die größte Kraft erwächst uns, wenn wir unsere Gedanken und Gefühle, unser Reden und Handeln in Übereinstimmung bringen. Diese Konzentration wirkt dann wie die Kraft eines Laserstrahls. Damit gelingen uns dann die unglaublichsten „Lebensoperationen".

Bringen wir die einzelnen Komponenten nicht allesamt unter einen Hut, zerstreuen wir unsere Energie. Wie oft begnügen wir uns damit, etwas zu sagen, ohne dementsprechend zu handeln. Unsere Worte werden so zur Lüge, die uns entzweit und uns letzten Endes verzweifeln lässt. Diese Lüge verspannt uns geistig und körperlich und macht uns unglaubwürdig. Unser Leben ist dann nicht unsere Botschaft. Bringen wir hingegen alles in harmonische Übereinstimmung, dann wird unser gesamtes Leben mit allen Höhen und Tiefen zu unserer authentischen Botschaft, die jeden bewusst oder unbewusst überzeugt. Sathya Sai Baba sagt: „My life is my message." Und dasselbe bekannte Mahatma Gandhi.

Da es diesbezüglich so wenige Vorbilder gibt, bleibt uns nur die Möglichkeit, uns selbst in dieser Weise zu disziplinieren. Die schwierigen „Umbauarbeiten" rentieren sich aber in jedem Fall. Unsere Energie beginnt dann ununterbrochen zu strömen, unsere Gesundheit wird stabil, und wir können unser Lebensziel erreichen, ohne anderen zu schaden. Jeder Sieg, der auf Kosten anderer geht, ist ein Pyrrhussieg und verletzt uns am Ende selbst.

So wie alle Gemeinschaften nur ihr Ziel erreichen, wenn sie in ihren Grundsätzen übereinstimmen, so geht es auch uns. Auch wir müssen unsere divergierenden Strebungen in Einklang bringen. Der größte Sieg, eigentlich der einzige, der letztlich zählt, ist der Sieg über uns selbst. Möge es uns gelingen, am Endes unseres Lebens zu sagen: „Mein Leben war meine Botschaft."

Wenn wir unsere Gedanken, Worte und Handlungen in Übereinstimmung bringen, dann erwachsen uns daraus ungeahnte Energien.

*** **Ich mache mein Leben zu meiner Botschaft.**

Liebende Losgelöstheit

Wenn es uns gelingt, liebende Losgelöstheit in unserem Leben zu praktizieren, dann erfahren wir überall Glück und Erfolg. Sie befreit uns von zwei Extremen, in die wir gewöhnlich verfallen. Entweder wir verlieben uns in einen Menschen, vergöttern ihn sogar und können uns dann kaum mehr lösen, wenn es notwendig ist. Oder wir trennen uns und schwören dann enttäuscht und verbittert der Liebe ab. Beides ist sowohl für uns als auch für unseren Partner nicht förderlich. Es gleicht einem heiß-kalten Wechselbad, das nur wenigen bekommt.

Liebende Losgelöstheit ermöglicht, die rechte Mitte in unserem Leben zu finden, und sorgt für eine gesunde Ausgeglichenheit. Jede Liebe sollte von Losgelöstheit und jede Losgelöstheit von Liebe begleitet sein.

Wie leicht verwickeln wir uns, wenn wir uns verlieben. Oft wird dann unsere ganz persönliche Entwicklung für lange Zeit unterbrochen. „Atmet" unsere Liebe hingegen bei aller Nähe auch Abstand, dann wird die Entfaltung der Partner sogar gefördert.

Viele scheuen heute feste Bindungen, da sie ihre Freiheit bedroht sehen. Liebende Losgelöstheit ermöglicht für beide Freiheit und Entwicklung, im Idealfall mehr, als Singles erreichen können. Das praktizierte Wort „Liebende Losgelöstheit" kann uns also wunderbar beflügeln.

Jungen Menschen rate ich immer wieder, schon am Anfang darüber zu sprechen und sich einig zu werden. Ein Leben als „siamesische Zwillinge" mag in der ersten Verliebtheit wünschenswert sein, eines Tages jedoch braucht jeder seinen Raum, seine Welt, ja seine Einsamkeit. Nur so wird es uns möglich, immer wieder neu und liebevoll auf den anderen zuzugehen und mit ihm zu kommunizieren.

In unserer Zeit werden Freiheit und Selbstverwirklichung – in Wirklichkeit meist Egoverwirklichung – oft missverstanden und missbraucht. Das Wort „Treue" wurde zum Fremdwort. Jeder will mit jedem „verkehren". Das zerstört den Einzelnen wie die Gemeinschaft und schadet letztlich allen Beteiligten. Diese Art von Freiheit meine ich also keinesfalls. Freiheit muss immer mit einer gewissen Bindung einhergehen und beiden Partnern optimale Entwicklungsmöglichkeiten bieten.

Liebende Losgelöstheit ist ein Schlüssel für ein glückliches Leben.

*** **Ich lebe in liebender Losgelöstheit.**

Umgang mit unseren *Mitmenschen*

Es ist von großer Bedeutung, wie wir mit unseren Mitmenschen umgehen. Leider haben wir meist nicht gelernt, diesen Umgang zu pflegen, und so begehen wir in dieser Hinsicht große Fehler.

Alle Menschen, denen wir begegnen, können wir als Spiegel betrachten. Jeder hält eine Botschaft für uns bereit. Aber da das den meisten nicht bewusst ist, projizieren wir unsere eigenen Fehler auf die anderen. Dadurch verpassen wir die Chance zur Selbsterkenntnis und Selbstverbesserung. Wenn jeder erkennt, dass er sich selbst im anderen spiegelt, dann kann die Begegnung für alle fruchtbar werden.

Natürlich dürfen wir daraus nicht folgern, dass der andere vollkommen ist und wir selbst mangelhaft sind. Doch indem wir den anderen kritisieren, fixieren wir ihn gleichzeitig auf seine Mängel. Es fällt ihm dann schwerer, sich zu entwickeln. Nehmen wir die Menschen so, wie sie sind, so machen wir sie schlechter. Nehmen wir sie jedoch so, wie sie sein sollten, dann regen wir sie dazu an, sich zu entwickeln.

Die Voraussetzung ist, dass wir uns selbst achten. Wer keine Selbstachtung hat, wird auch seine Mitmenschen nicht achten, und wer seine Mitmenschen achtet, der achtet auch sich selbst. Alles rundet sich immer wieder zum Kreis und kehrt zum Ausgangspunkt zurück.

In diesem Zusammenhang sollten wir immer liebevolle Selbstkritik üben, Fremdkritik jedoch möglichst unterlassen. Auf diese Weise können wir uns ständig vervollkommnen und verletzen niemanden.

Zu diesen Einsichten müssen wir uns erst disziplinieren. Normalerweise neigen wir dazu, uns selbst zu rechtfertigen und andere abzuwerten. Das ist zwar bequem, schadet aber allen Beteiligten. Der leichte Weg bringt am Ende immer nur dürftige Ergebnisse, während sich die Arbeit an uns selbst stets lohnt.

Bei der Besetzung von Führungspositionen in großen Unternehmen werden heute bevorzugt Personen gewählt, die mit ihren Mitarbeitern verständnisvoll umgehen können. Oft wird diese Fähigkeit höher bewertet als die fachliche Qualifikation.

Der freundliche Umgang mit unseren Mitmenschen trägt auf allen Gebieten am Ende für jeden von uns reiche Früchte.

Wie wir mit unseren Mitmenschen umgehen, ist entscheidend für unseren gesamten Lebenserfolg.
Wir sollten im anderen stets das Gute sehen und Kritik vermeiden.

****Ich achte heute auf einen freundlichen Umgang mit meinen Mitmenschen.**

Neid als Form der Anerkennung

Wenn wir Gutes tun wollen, so glauben wir anfangs, dass die meisten Menschen das zu schätzen wissen. Aber weit gefehlt! Häufig wird uns nur Neid entgegengebracht. Albert Schweitzer fasste seine Erfahrungen mit diesen Worten zusammen: „Wenn du Gutes tun willst, glaube nicht, dass man dir hilft. Die Menschen werden dir Prügel in den Weg legen."

Wer selbst etwas geleistet hat, kommt uns in der Regel mit Anerkennung entgegen. Diejenigen aber, die nichts auf die Beine stellten, verfallen dem Neid und meinen, sich heraufsetzen zu können, indem sie andere herabsetzen. Das trifft uns anfangs sehr. Mit aller Mühe haben wir ja etwas aufzubauen versucht. Und nun wollen die Neider es einreißen.

Haben wir verstanden, dass die neidvollen Aktionen für diese Menschen notwendig erscheinen, um ihr Selbstwertgefühl zu bewahren, können wir ihnen nicht böse sein. Wir müssen dann nur eigene Strategien entwickeln, damit wir nicht davon getroffen werden und weiter ungestört unserer Aufgabe nachgehen können.

K. O. Schmidt hat mir mit seinen Worten dabei sehr geholfen. Er sagte: „Was dich trifft, mache dich trefflicher! Was dich empört, hebe dich empor! Was dich belästigt, belustige dich!" Außerdem sollten wir uns in Erinnerung rufen, dass es den meisten Schaffenden auf allen Gebieten ebenso erging. Wir befinden uns also in bester Gesellschaft.

Auf diese Weise können wir uns über den Neid erheben, ja ihn sogar als höchste und ehrlichste Form der Anerkennung werten. So kann er uns nicht schaden, sondern fällt auf seinen Urheber zurück. Allerdings sollten wir uns hüten, mit irgendwelchen negativen Reaktionen zu antworten. Das würde keinem nützen.

Gelingt es uns, positiv zu agieren, dann bleiben wir unberührt von Missgunst und können unseren Weg weitergehen. Ich weiß, dass diese Umschaltung nicht leicht ist, aber es ist der beste Weg, um niemanden zu verletzen und weder Zeit noch Energie zu verlieren.

Wenn wir besondere Leistungen vollbringen, wird uns immer von gewissen Menschen Neid entgegengebracht.
Wir können uns darüber ärgern, wir können den Neid aber auch als Form der Anerkennung werten.

******Ich sehe hinter dem Neid eine versteckte Anerkennung.***

Befreiung durch *Nicht-Identifikation*

Wenn Kinder im Kino einen Film anschauen, sind sie völlig ergriffen, wie wenn sie sich selbst inmitten des Geschehens befänden. Sie zittern, weinen, lachen, als ginge es um ihr Leben. Wir Erwachsene sind zwar auch fasziniert, doch wir können uns meist distanzieren. Wir sagen uns: Das ist zwar ganz schön spannend, aber es ist halt nur ein Film, aus dem wir jederzeit „aussteigen" können.

Ist dann das ganze Spektakel vorbei, sehen wir die weiße Leinwand völlig unberührt von all dem, was in den letzten zwei Stunden darüber hinwegflimmerte. Wir gehen aus dem dunklen Raum hinaus ans Licht, das uns schnell von den Emotionsfesseln befreit, die der Film uns zeitweise anlegte.

Es gibt im Leben so manche Fallen, in die wir hineingeraten können. Dabei ist es allein unsere Entscheidung, ob wir uns in den vordergründigen Strudel hineinziehen lassen wollen oder ob wir tiefer blicken bis in den Hintergrund, der uns befreit. Wir können uns hineinzerren lassen oder Abstand halten und die Situation als Zeuge beobachten. Es ist ein großer Unterschied, ob wir in einen Verkehrsunfall verwickelt sind oder ob wir das Ganze lediglich als Zuschauer betrachten.

Du kannst dich sicher an viele Begebenheiten in Deinem Leben erinnern, in denen Du Dich unnötig in so allerhand hast verwickeln lassen und dabei viel Zeit verloren hast. Mir ist es lange Jahre ebenso ergangen.

Durch solche Erfahrungen lernen wir allmählich, uns nicht immer gleich mit allem zu identifizieren, sondern uns selbst und andere im Abstand zu sehen. So durchschauen und verstehen wir alles besser. Distanz ohne Distanziertheit bedeutet nicht Lebensflucht, sondern Lebensbewältigung.

Es ist immer unser Ego, das sich allzu schnell in alles einmischt und dann leicht „auf die Nase fällt". Unsere Seele hingegen beobachtet unser ganzes Leben, alle unsere Wege und Irrwege und sendet uns immer wieder Botschaften. Wenn wir nach endlosen Lektionen doch nicht hören und sehen wollen, dann wird uns eines Tages das Hören und Sehen vergehen.

Eigentlich suchen wir alle die größtmögliche Freiheit. Indem wir uns aber mit allem und jedem identifizieren, sperren wir uns selbst in ein Gefängnis ein. Diesem können wir nur durch Abstandnehmen, Beobachten und Nicht-Identifikation entrinnen. Allerdings erfordert das von uns Disziplin und ein wohlüberlegtes Agieren statt eines kurzschlüssigen Reagierens. Das kann man trainieren. Ist es zur Gewohnheit geworden, dann läuft alles automatisch. Gute Gewohnheiten sind der Schlüssel zum Erfolg.

*Wer sich verwickelt, gerät in Gefangenschaft.
Wer beobachtet, bleibt frei.*

*****Heute übe ich mich in der Nicht-Identifikation.**

Schrei nach Liebe

Oft begegnen wir Menschen, die voller Hass und Missgunst sind. Aber all die schrecklichen Gedanken, Gefühle und Handlungen, die von ihnen ausgehen, sind nichts anderes als Schreie nach Liebe.

Unser ganzes Wesen sehnt sich nach Liebe und Harmonie, und alle unsere Tätigkeiten streben danach. Selbst die größten Verbrechen bilden hierbei keine Ausnahme. Wenn wir auf Unschönes und Ungutes negativ reagieren, so gießen wir damit nur Öl ins Feuer. Natürlich wäre es falsch, schlechte Handlungen gutzuheißen. Aber wenn es uns gelingt, den Menschen trotz seiner unguten Taten zu achten und zu lieben, dann hat das auf alle Beteiligten eine heilende Wirkung. Denn all die Schreie nach Liebe können nur durch Liebe gestillt werden, durch eine starke, bedingungslose Liebe.

Schauen wir einmal selbstkritisch in unser eigenes Leben, so können wir viele zerstörerische Gedanken, Gefühle und Handlungen entdecken, die ebenfalls Schreie nach Liebe waren. Diese Einsicht lässt uns auch andere Menschen leichter verstehen. Nur wenn wir diese Verzweiflungsrufe erkennen, kann Heilung beginnen.

Es ist nicht leicht, hinter all den Boshaftigkeiten und dem Wahnsinn dieses Grundmotiv immer wieder zu erkennen. Meist reagieren wir sofort negativ. Das ist verständlich. Aber niemandem ist damit gedient. Beantworten wir hingegen die Schreie nach Liebe mit Liebe, dann gewinnen alle Beteiligten. Christus hat uns durch sein Leben und seine Lehren gesagt: „Liebet eure Feinde, tut wohl denen, die euch hassen, segnet, die euch fluchen..." Er zeigt uns damit einen Ausweg aus dem Teufelskreis negativen Reagierens.

Wir vergessen leicht, dass die oft unsympathischen Verhaltensweisen der Menschen nichts anderes als Schreie nach Liebe sind.
Negative Reaktionen darauf bringen keine Lösung.

*** **Ich will heute hinter allem den Schrei nach Liebe erkennen.**

Suggestionen

Bei den sogenannten „primitiven" Völkern gibt es Männer, die mit suggestiver Kraft Menschen verfluchen. Wenn diese an den Fluch glauben, können sie daran sterben. Wäre der Betroffene von dem Fluch unberührt, dann würde er auch nicht davon getroffen.

Wir haben im Kindesalter viele solcher „tödlichen" Suggestionen verpasst bekommen und waren ihnen damals meist hilflos ausgeliefert. Sie fielen auf einen aufnahmebereiten Boden, in dem sie tief Wurzeln fassen konnten. Solche Suggestionen von Eltern und Erziehern lauteten z. B.: „Du taugst zu nichts!", „Das schaffst du nie!", „Dazu bist du viel zu dumm!". Wir haben damals alles als Wahrheit angenommen und wussten nicht, dass es die beschränkte persönliche Meinung eines anderen war, der sie aus einem mangelnden Selbstbewusstsein heraus auf uns projizierte. Das brachte uns zwar meistens nicht um, aber es prägte unser Leben negativ. Wenn wir diese Zusammenhänge heute nicht durchschauen und uns nicht umkonditionieren, führt es zu einer Kette von Misserfolgen und Krankheiten.

Aber nicht nur der Einzelne ist auf diese Weise konditioniert. Auch die Masse der Menschen wurde mit negativen Suggestionen „geimpft". Wir wissen alle, dass in der Vergangenheit die Staatsoberhäupter verschiedener Völker große Verbrechen begangen haben. Wenn wir aber von diesen vergangenen und nicht wieder gutzumachenden Untaten zu sehr hypnotisiert sind, dann übersehen wir ganz leicht die politischen Verbrechen unserer heutigen Zeit. Unerkannt werden dann Gefahren heraufziehen, welche die beiden schrecklichen Weltkriege bei weitem übertreffen.

In unserer musealen Geschichtsauffassung werden lediglich immer wieder die gleichen alten Platten aufgelegt, Vergangenes wiedergekäut und längst Verstorbene verurteilt, während die lebenden politischen Verbrecher frei herumlaufen und Feuer legen. Wann wird es endlich einmal so weit sein, dass wir die Vergangenheit verstehend abhaken und in der Gegenwart die alten Fehler vermeiden? Viele Politiker geben sich heute als Feuerwehrmänner aus, sind aber in Wirklichkeit Brandstifter. Sie benutzen gefährliche Massensuggestionen, um ihre Alibispielchen unerkannt treiben zu können.

Wie die früheren leiden auch die heutigen Kriegsverbrecher unter einem mangelnden Selbstbewusstsein und stören den Weltfrieden, um von ihren eigenen ungelösten Problemen abzulenken oder sich persönlich zu bereichern. Wer kann in unserer Zeit noch einen Krieg verantworten? Niemand! Wer heute einen Krieg inszeniert, ist psychisch krank.

Wir alle müssen uns von diesen gefährlichen Suggestionen derzeitiger Machthaber befreien und uns auf unseren Wert besinnen, auf unsere Aufgaben und Berufungen für ein friedliches Zusammenleben aller Völker und aller Glaubensrichtungen. Macht in unserer Zeit kann niemals durch Waffengewalt erreicht werden, sondern nur durch Liebe und Weisheit.

Die meisten von uns leben seit ihrer Kindheit aufgrund negativer Suggestionen in geistigen Gefängnissen.
Mit der Zeit werden wir zu unseren eigenen Gefängniswärtern.
Niemand außer uns selbst kann uns befreien.

***Ich werde heute alte negative Suggestionen erkennen und beseitigen.**

Trennung von geliebten Menschen

Vor vielen Jahren saß ich einmal auf einer Bank am Züricher See und blickte auf die spielenden Wellen hinaus. Nach einiger Zeit kam eine junge Frau angeradelt. Sie setzte sich neben mich. Es dauerte nicht lange, und wir kamen ins Gespräch. Sie erzählte mir von ihrem Liebeskummer, der sie sehr bedrückte. Ich hörte ihr aufmerksam zu, hatte ich doch selbst schon viel Liebeskummer erlebt.

Das wunderschöne Panorama inspirierte uns beide und rahmte unsere Unterhaltung ein. Wir blickten auf den See hinaus, und da kamen mir folgende Gedanken. Ich sagte zu ihr: „Schauen Sie, wie die Wellen entstehen und dann nach kurzer Zeit wieder vergehen. Genau so ist es mit uns Menschen. Bei den Wellen geht alles in Sekundenschnelle, bei den Menschen und ihren Beziehungen kann es manchmal Jahre und Jahrzehnte dauern. Aber auch wir können uns an nichts und niemanden anklammern. Früher oder später müssen wir alles wieder loslassen."

Natürlich wollen wir, wenn es uns gut geht, immer alles fixieren. Aber der ununterbrochene Wellenschlag des Lebens erlaubt es nicht. Ständig wandelt sich alles, ob es uns gefällt oder nicht. Wer seine eingeatmete Luft nicht wieder hergeben will, erstickt daran. Das Leben zwingt uns in jedem Augenblick, immer wieder loszulassen. Oft erweist sich dies am Ende nicht als Verlust, sondern als Gewinn. Nur so können wir Neuem begegnen.

Ich selbst lebte damals in einer Beziehung, die einige Jahre später zu Ende ging, weil wir beide das nicht fanden, was wir suchten. Auch ich war damals sehr traurig, begann doch alles so märchenhaft. Ich wollte mich festklammern, aber erst nach einiger Zeit gelang es mir loszulassen. Danach lernte ich meine Frau kennen und erlebe seither Glück und Erfüllung. So hatte mir der Wellenschlag des Lebens etwas genommen und dafür etwas gegeben, das ich heute nicht mehr missen wollte.

Wenn Dir also das Schicksal etwas aus der Hand nimmt, so denke daran, dass es Dir nur in leere Hände etwas Neues legen kann. Haben wir das verstanden, dann können wir die größten Schicksalsschläge gestärkt überleben. Letzten Endes gibt es nur vorübergehende Trennungen. Alle Wellen begegnen sich irgendwann einmal im Meer des Lebens wieder. Und wenn Du es vielleicht auch heute noch nicht glauben kannst, eines Tages wirst Du es erleben.

Nichts schmerzt uns mehr als die Trennung von geliebten Menschen.
Nur, wenn wir Altes loslassen können, sind wir offen für Neues.

*** **Ich will heute Altes loslassen.**

C.

Umgang mit dem Umfassenden

Jeder, der auf seinem Weg voranschreitet, wird sich mit der Zeit immer mehr dem Umfassenden zuwenden. Welchen Namen wir ihm geben, ist nicht entscheidend. Wichtig ist das Erlebnis des Verbundenseins, das Erkennen der Einheit. Wir sind Welle und Ozean.

Die modernen Wissenschaftler stimmen heute darin mit den Mystikern aller Zeiten überein, nachdem sie immer mehr die wundervolle Ordnung in der Schöpfung erkennen. Die meisten glauben an Gott, der hinter allem stehen muss.

Uns allen kann die Natur, die Schöpfung, zum Schöpfer selbst führen. Ein Weiser nannte sie einmal „das Gewand Gottes". Als Kinder tauchten wir staunend in den Zauber der Natur ein. Unser rationales Denken hat uns aus ihr verbannt. Wir haben die Natur zu einem Müllablagerungsplatz für unseren Konsumwahn gemacht.

Wenn wir wieder umdenken und die Natur als Freund und Lehrer betrachten, dann werden sich die meisten unserer Probleme lösen lassen.

Bäume als Lehrer

In schweren Zeiten suche ich meinen Lieblingsbaum auf, frage ihn um Rat und suche Trost bei ihm. Er ist zwar nicht so redselig wie die meisten Menschen, doch er hat mir immer wieder etwas zu „sagen". Mit meiner Freundschaft zu den Bäumen stehe ich nicht alleine da. Moderne Psychologen raten ihren Patienten heute oft, eine Beziehung zur Natur herzustellen und Bäume zu umarmen.

Wer schon einmal einen Baum umarmt hat, der hat die große Kraft gespürt, die ihn dabei durchströmt. Der Baum antwortet auf unsere Umarmung und umfängt uns auf seine Weise. Wir fühlen uns an den Energiefluss, der von den Wurzeln bis zur Krone strömt, angeschlossen.

Doch damit nicht genug! Wir können dem Baum von unseren Nöten erzählen und ihm Fragen stellen. Er wird uns nicht wie die Menschen mit Worten „abspeisen". Die Botschaft des Baumes liegt im Sein. Wenn wir ihm klagen, dass eines unserer Vorhaben missglückt ist, dann verweist er uns auf seine tiefen Wurzeln, die ihn im Boden verankern. Kein Bauwerk, kein Projekt ohne solides Fundament wird auf Dauer stabil sein. Oft geraten wir auch in Schwierigkeiten, weil es uns an Aufrichtigkeit uns selbst und anderen gegenüber fehlt. Der Baum ist ein gutes Beispiel für Aufrichtigkeit. Er verbindet Himmel und Erde.

Der Baum ist ein gewaltiger Dreiklang aus Wurzel, Stamm und Krone. Unser Dreiklang besteht aus Körper, Geist und Seele. Alle Bereiche stehen miteinander in wechselseitiger Beziehung. Ist ein Teil krank, greift das auf die anderen über. Ein kranker Körper wirkt sich wie eine schwache Wurzel aus. Ist der Geist nicht gesund, so kann das mit einem Baum verglichen werden, dessen Stamm von Ungeziefer befallen ist. Unsere leidende Seele können wir mit welken Blättern vergleichen, die ihre Aufgabe nicht mehr erfüllen können.

Der Baum kann uns noch in vielem vorbildhaft sein. Seine Blätter verkörpern Zartheit, sein Stamm und seine Wurzeln Kraft und Stabilität. Mit seinem Holz schließlich dient er uns Menschen selbstlos für viele Zwecke. Auch unser Leben findet seine Erfüllung im Dienst am Anderen.

Ratschläge, die uns Menschen erteilen, sind oft subjektiv und können uns in die Irre führen.
Bäume zeigen uns stets den rechten Weg.

*** **Ich sehe Bäume als meine Lehrer an und will von ihnen lernen.**

Gedanken sind Wesenheiten

Mit jedem Gedanken zieht ein besonderes „Wesen" in uns ein und ergreift oft von uns Besitz. Entscheidend ist natürlich, ob diese Gedanken aufbauend oder zerstörerisch wirken.

Es ist ähnlich wie bei Besuchen. Kommt zu uns ein gern gesehener Gast und bringt Frohsinn mit, so fühlen wir uns während des Besuches und auch noch lange danach positiv aufgeladen. Kommt jedoch jemand mit einer düsteren Ausstrahlung, so ist unsere häusliche Atmosphäre noch lange gestört.

Unsere Gedanken hängen natürlich sehr von unserer gesamten Lebensführung ab. Wir haben alle schon erlebt, auf welch dumme Ideen uns übermäßiger Alkoholgenuss bringen kann. Bekannt ist auch, dass uns tierische Nahrung aggressiv macht. Auch unsere geistige Nahrung, die wir durch unsere Sinne aufnehmen, gestaltet nachhaltig unsere Gedanken und Gefühle. Wir unterschätzen meist die ungeheure Macht der Gedanken, die sich bei häufiger Wiederholung oft in uns „einnisten".

Betrachten wir uns einmal ehrlich, dann werden wir feststellen, dass jeder von uns von irgendetwas ergriffen ist, dass wir alle mehr oder weniger von irgendetwas „besessen" sind. Ein Musiker ist von seiner Musik besessen, ein Sportler von seinem Sport. Viele sind ihrer Arbeit, ihrem Hobby, dem Essen und Trinken oder dem Sex hingegeben. Je nach unserer Leidenschaft bekommen wir eines Tages die entsprechenden Folgen zu spüren.

Jede Exzessivität gefährdet über kurz oder lang die Gesundheit. Nur ein gewisses Maßhalten auf jedem Gebiet kann uns vor bösen Überraschungen bewahren. Ein Zuviel des Guten kann ebenso verkehrt sein wie ein Zuviel des Schlechten.

Wir Menschen besitzen im Unterschied zum Tier in allem die Freiheit der Wahl. Nur nutzen wir sie leider selten, sondern lassen uns leicht beeinflussen und manipulieren. In jedem Augenblick müssen wir entscheiden, was wir wählen und was wir ausschließen wollen. Und damit bilden wir unser Schicksal.

Wir sollten uns sehr genau überlegen, von was wir uns „ergreifen" lassen wollen.
Unsere diesbezüglichen Entscheidungen formen unser Leben.

***** Ich allein entscheide, welche Gedanken und Gefühle ich „hereinlasse".**

Glaube

Das Wort „Glaube" ist bei so manchen Menschen in Misskredit geraten. Die Wissenschaft des 20. Jahrhunderts hat dafür gesorgt, dass der Glaube durch Wissen ersetzt wurde. Seit sie aber immer mehr an ihre Grenzen stieß, gewann der Glaube wieder zunehmend an Bedeutung. In der heutigen Zeit erkennen und erfahren wir immer mehr die Macht des Glaubens. Dieser Glaube ist nicht ein bloßes Dafürhalten, sondern tiefstes Wissen.

Viele von uns haben in ihrem Leben an so manches geglaubt, und immer wieder wurden wir von Menschen und Institutionen enttäuscht. Zum Schluss verloren wir dann zuweilen unseren Glauben. Mir selbst ging es ähnlich. Erst in reiferen Jahren fand ich wieder zu einem Glauben zurück, der mich wohl bis zum Ende meines Lebens hilfreich begleiten wird. Ich wurde dabei aber nicht etwa rückfällig und tappte in alte Fallen. Ich versuchte vielmehr, meinen eigenen Glauben zu finden, mit dem ich das Auf und Ab des Lebens bestehen kann. Beim Durchblättern meines Lebensbuches stellte ich fest, dass mich Gott als liebender Vater und liebende Mutter mein Leben lang gnadenvoll begleitet hat. Was hätte nicht alles passieren können, wenn er mich mit seinen Engeln nicht aus größten Gefahren befreit hätte! Oft rettete er mich in letzter

Minute. Diese persönliche Erfahrung zeigt mir, wie nah uns Gott ist, wenn wir uns dessen nur bewusst sind. Schließlich entdeckte ich Gott in mir.

Lange suchten wir Gott und das Heilige außerhalb von uns. In der Schule wurde uns gelehrt, an alles Mögliche zu glauben, nur nicht an uns selbst. Ich durfte nun immer mehr erleben: „Ich und der Vater sind eins." Unser höchstes Selbst ist göttlich. Schließlich sind wir ja Kinder Gottes. Ein großer Meister sagte: „Glaube an dich selbst, dann glaubst du an Gott." Ein anderer erklärte: „Der eigentliche Atheist ist derjenige, der nicht an sich selbst glaubt." Die Weisheitslehren verkünden stets, dass alles in uns sei und dass man es nur herauszuholen brauche.

Wenn wir uns aber nach innen wenden, müssen wir zuerst den „Drachen" besiegen, so wie es oft im Märchen dargestellt wird. Dieser Drache ist unser Ego, das uns im Gegensatz zum Selbst den falschen Weg zeigt. Haben wir dieses Ego „gekreuzigt", dann erleben wir die Auferstehung des Selbst, das mit allem Leben verbunden ist. Es ist auch an die gesamte kosmische Energie angeschlossen. So wie die Welle sich mit dem Ozean vereinigt, so verbindet sich unser Selbst mit dem göttlichen Energiemeer.

Lesen wir die Biographien großer Menschen, so erkennen wir, dass ihr Glaube der entscheidende Faktor in ihrem Leben war. Trotz anfänglicher aussichtsloser Verhältnisse setzten sie sich aufgrund ihres Glaubens und ihrer Beharrlichkeit schließlich durch: „Alles ist möglich dem, der da glaubt."

Solchen unerschütterlichen Glauben müssen wir immer wieder in unserem Alltag „schmieden"; er fällt uns nicht von allein zu. Aber jede überwundene Schwierigkeit stärkt uns.

Felsenfester Glaube ist durch nichts zu ersetzen, er bringt uns schließlich ans Ziel.

***Heute **glaube ich an mich selbst und handle entsprechend.**

Freudlos-leidlose Gleichmutsachtsamkeit

Dieses inhaltsreiche Wort aus dem Buddhismus beschäftigt mich seit vielen Jahren und hilft mir immer wieder, das Gleichgewicht in den Wechselfällen des Lebens zu bewahren.

Nicht nur das Leid, auch die überschäumende Freude hat uns oft genug in unserem Leben aus der Bahn geworfen und dabei unseren Gleichmut gestört. Dabei ging uns auch die rechte Achtsamkeit verloren. Irgendwann wird uns dann klar, dass uns dieses ewige Achterbahnfahren in unserem Leben auf Dauer nicht gut tut. Unfälle, Krankheiten und verpasste Chancen sind die Folgen.

So wie extreme Temperaturen unserem Körper schaden, so schaden uns auch extreme Gefühlsschwankungen. Wenn wir uns von Freud und Leid, diesen beiden Täuschern, wie sie Rudyard Kipling einmal nannte, nicht verwirren lassen, können wir Gleichmut und Achtsamkeit bewahren. Unsere Entscheidungen werden dann aus einer gewissen Besonnenheit heraus wesentlich segensreicher ausfallen.

Wie können wir nun diese Gleichmutsachtsamkeit praktizieren? Der Atem kann uns auch hier eine wertvolle Hilfe sein. Wir beobachten ihn und werden feststellen, dass er anfangs mit den Emotionen „mitzieht". Indem wir bewusst tief und langsam atmen, zügeln wir unsere Emotionen. Je langsamer und tiefer unser Atem strömt, umso mehr beruhigen sie sich. Dabei wird unsere Achtsamkeit nach innen und außen klarer, und unsere Intuition zeigt uns völlig neue Problemlösungen.

Jeder hat sein Hobby, das ihm hilft, Gleichmut und Achtsamkeit zu bewahren. Musik oder sportliche Betätigung können uns dabei ebenso helfen wie alle kreativen Tätigkeiten.

Extreme Gemütszustände sind für uns ebenso schädlich wie klimatische Veränderungen oder Wetterstürze.
Freudlos-leidlose Gleichmutsachtsamkeit erhält uns ein ausgeglichenes Gemüt und bewahrt unsere Gesundheit.

***Die freudlos-leidlose Gleichmutsachtsamkeit soll mich stets begleiten.**

Arbeit und Gnade

In meinen Seminaren spreche ich gerne über die „AG" meines Lebens. Diese AG besteht aus meiner eigenen Arbeit (A) und Gottes Gnade (G). Goethe schrieb in seinem „Faust": „Wer immer strebend sich bemüht, den können wir erlösen."

Oft hören wir die beiden extremen Meinungen, dass wir als Menschen allein durch unsere Anstrengungen alles erreichen können oder dass alles nur Gottes Gnade sei. Die erste Meinung ist ein Auswuchs menschlicher Überheblichkeit, ein „Kind" unseres materialistischen Zeitalters. Die zweite Meinung dient Faulenzern als Ausrede, um anstrengendes Tätigwerden zu vermeiden.

Blicke ich auf mein Leben zurück und wäge beides ab, so muss ich gestehen, dass die eigene Arbeit zwar stets unverzichtbar war, die Gnade aber überwog. Schließlich hat uns Gott ja völlige Freiheit gegeben, unser Leben selbst zu gestalten. Seine Gnade ohne unsere eigene Initiative würde diese Freiheit wieder einschränken. Gott verlangt von uns entschiedenes Handeln und greift erst dann helfend ein. Er verhält sich wie ein liebender Vater, der sein kleines Kind loslässt und es erst dann hält, wenn es Gefahr läuft, zu fallen oder sich zu verletzen.

Am Anfang entgeht uns oft dieser rettende Eingriff unseres himmlischen Vaters. Wir buchen gerne seine Hilfe auf unser eigenes Konto. Manchmal geschieht dies aus Unwissenheit, manchmal aus reiner Vermessenheit. Heute weiß ich ganz sicher, dass ich ohne seine Gnade in zahllosen Fällen aus eigener Kraft nicht hätte bestehen können. Gott war für mich bei jedem „Salto mortale" meines Lebens oft das rettende Netz, ohne das ich kläglich am Boden aufgeschlagen wäre.

Vielleicht kannst Du Ähnliches sagen, wenn Du über so manche Situationen in Deinem Leben nachdenkst. Vielleicht kommst Du auch zu der Überzeugung, die in dem Lied „Lobe den Herren" ausgedrückt ist: „... der dich auf Adelers Fittichen sicher geführet, ...hast du nicht dieses verspüret?"

Manchmal erinnert mich unser Verhalten an den Beginn von Mozarts „Zauberflöte", als Papageno sich als Held für eine Tat feiern lässt, die andere vollbrachten. Wenn wir unsere eigene Arbeit und Gottes Gnade im rechten Verhältnis sehen, dann empfinden wir Dankbarkeit und Zufriedenheit.

Große Leistungen erwachsen immer aus einer Zusammenarbeit des Menschen mit Gott.
Arbeit und Gnade sind die beiden Flügel, mit denen wir uns in höchste Höhen erheben können.

*****Wenn ich meine Arbeit mit vollem Einsatz verrichte, darf ich auch mit Gottes Gnade rechnen.**

Die Sache mit Gott

„Gott" ist ein Wort, das seit jeher missbraucht und missverstanden wird. Dabei könnte alles so einfach sein. Gott ist unser bester Freund, der uns stets hilfreich zur Seite steht, wenn wir es nur zulassen. Alles, was bei uns schief läuft, wird ausschließlich von uns selbst verursacht.

Unser direktes Verhältnis zu Gott aber wird oft durch Menschen und Institutionen gestört. Dazu eine kleine Geschichte: Ein Schüler bat seinen Meister, sich doch endlich einmal vor ihn hinzustellen. Er hatte ihn noch nie so richtig von vorne gesehen, da er immer neben ihm ging. Der Meister antwortete darauf: „Ich werde mich doch nicht zwischen dich und Gott stellen!" Aber genau das geschieht häufig durch manche „Vertreter" Gottes.

Da wir alle seine Kinder sind, brauchen wir keine Vermittler, um uns ihm zu nähern. So wie wir uns einst bei allen unseren Sorgen direkt an unsere Eltern wandten, so dürfen wir seine Hand nehmen und uns „auf seinen Schoß setzen". Stattdessen hängen wir uns an alles Sichtbare und „übersehen" dabei Gott, das Wesentliche. Wir erleben so immer wieder Freude, gefolgt von Leid, bis wir eines Tages genug haben und erkennen, dass Gott das einzig Zuverlässige ist.

Was für einen Bau das Fundament ist, das ist für unser Leben Gott. Auf ihn können wir sicher bauen. Mit dem Auto kommen wir nur auf einem festen und unnachgiebigen Boden vorwärts. Gott ist die feste Straße im Unterschied zu den vielen sumpfigen, nachgiebigen Böden, die unser Vorwärtskommen verhindern.

Meinen Schülern sage ich immer wieder: „Gott ist unsere erste und letzte Liebe. Die Liebe zu Menschen ist ein wundervoller Weg zu ihm."

Ich wünsche Dir, dass Du in Deinem Leben beides, menschliche und göttliche Liebe, erfahren und genießen kannst.

Oft glauben wir, dass Gott für uns unerreichbar ist.
In Wahrheit aber ist er uns immer nahe.
Es liegt an uns, ob wir seine Nähe spüren.

***Ich erlebe heute Gottes Nähe **
und genieße sie.

Das *Kreuz* als Wegweiser

Wenn wir in unbekannte Landschaften vordringen wollen, brauchen wir eine Landkarte und einen Kompass.

Für die geistige Orientierung in unserem Leben benötigen wir ebenfalls Wegweiser. Das Kreuz kann diese Aufgabe erfüllen. Ich selbst orientiere mich immer wieder an diesem uralten Symbol, das schon vor Christus in allen Kulturen zu finden ist. Die Vertikale zeigt uns den Weg zu Gott, zum Geist, zu unserem höheren Selbst. Die Horizontale hingegen führt uns in die Welt zu unseren Mitmenschen, wie auch zu unserem Ego.

Das menschliche Leben vollzieht sich im Spannungsfeld dieser beiden Dimensionen. Wir dürfen uns weder asketenhaft in die Vertikale flüchten, noch sollten wir uns in der Horizontalen der Welt verlieren. Es ist uns aufgegeben, eine Brücke zwischen beiden zu schlagen.

Wie der Baum wurzeln wir in der Vertikalen, holen von dort unsere Kraft und reichen der Welt und unseren Mitmenschen unsere Früchte. So gelingt es auch unserem höheren Selbst, das Ego zu beherrschen und in seinen Dienst zu stellen.

Wer sich ohne diese vertikale Verankerung zu sehr an die Welt bindet und sich dort verliert, kann in all den Schwierigkeiten des Lebens nicht unerschütterlich bleiben. Wer hingegen in der Vertikalen, in Gott, zu Hause ist und zu Menschen liebevolle Beziehungen hegt, der geht unberührt seinen Weg. Das Christuswort „Liebe Gott über alles und deinen Nächsten wie dich selbst" stellt eine treffende Zusammenfassung dar.

Mit dem Kreuz können wir im Grunde alle unsere Probleme lösen, die uns die Absonderung von Gott und das Verhaftetsein in der Welt bescheren. Nicht nur Christus, auch Buddha lebte und lehrte uns den rechten Umgang mit der Vertikalen und der Horizontalen, dem Unvergänglichen und dem Vergänglichen.

Durch Gebet und Meditation treten wir immer wieder mit der Vertikalen in Verbindung, um uns von dort Kraft und Rat zu holen. Unsere Handlungen kommen dann der Horizontalen, der Welt, zugute.

Die Vertikale des Kreuzes verbindet uns mit Gott.
Die Horizontale verweist uns auf den Umgang mit der Welt.

***Ich schlage stets eine Brücke zwischen Gott und der Welt.**

Ein Vogel als Lehrmeister

Ein Rotkehlchen saß auf einem schwankenden Ast. Wind kam auf, und der Ast bewegte sich immer stärker. Manchmal sah es so aus, als ob der kleine Vogel gleich herunterfallen würde. Aber er schien dadurch nicht berührt, sondern genoss sogar das muntere Treiben.

Diese Beobachtung beeindruckte mich. Können wir nicht alle von diesem Vögelchen lernen? Wie verhalten wir uns denn, wenn uns der Boden unter den Füßen schwankt, wenn es stürmt und alles ins Wanken gerät? Wir beginnen den Mut zu verlieren. Der kleine Vogel wird von all dem nicht berührt, weiß er doch, dass ihm nichts passieren kann. Wenn er vom Baum „fällt", dann verlässt er sich auf die Kraft seiner Flügel, die ihn tragen.

Wir Menschen haben zwar keine physischen Flügel, aber wir besitzen geistige und seelische Schwingen. Es gibt keine noch so schwierige Situation, aus der wir uns nicht wieder erheben könnten. Viele Menschen haben uns das schon bewiesen. Unheilbar Kranke heilten sich aus eigener Kraft. Menschen, die im Krieg alles verloren haben, bauten sich wieder etwas viel Grandioseres auf. Krüppel wurden Olympiasieger. Solche Beispiele lassen sich beliebig fortsetzen. All diese Menschen gaben nicht auf, sondern nutzten die Kraft ihrer geistigen Flügel.

Für mich hatte das Erlebnis mit dem kleinen Vogel eine nachhaltige Wirkung auf mein ganzes Leben. Wenn wir mit wachen Augen und Herzen durch die Natur gehen, können wir von jeder Pflanze, von jedem Tier lernen. Die Natur ist das große Lehrbuch, das uns der Schöpfer gegeben hat. Es zeigt uns auf wundervolle Weise, was wir in unserem Leben tun können. Du hast sicher auch schon Deine eigenen Erlebnisse gehabt und vielleicht manches in Dein Leben „übersetzen" können. Leider übersehen wir vor lauter Sensationsgier oft diese kleinen Botschaften am Wegesrand, die in unserem Leben so vieles bewirken könnten.

Die Natur ist unser größter Lehrmeister.
Wir können stets von Tieren und Pflanzen lernen.

*** **Ich werde die Botschaften der Natur für mein Leben nutzen.**

Meditation

Meditation ist heute „in". Immer mehr Menschen versuchen auf die eine oder andere Art zu meditieren. Es gibt zahllose Kurse und Bücher dazu. Trotzdem treffen wir im Alltag selten meditative Menschen. Offensichtlich wird das Gelernte zu wenig angewandt.

Wirkliche Meditation muss den Alltag verändern, muss ganztags stattfinden. Was nützen uns die schönsten Gedanken und Gefühle, die wir in unserer Meditationsecke haben, wenn wir den Menschen in unserer Berufswelt oder Privatsphäre mit Unfreundlichkeit oder gar Hass begegnen.

Es kommt wirklich nicht darauf an, viele Bücher über Meditation zu lesen und komplizierte Techniken zu erlernen. Wenn wir uns selbst und allen anderen liebevoll begegnen, wenn wir an unserer Arbeit Freude haben und damit anderen dienen, dann meditieren wir. Freilich ist es notwendig, immer wieder einmal in die Stille zu gehen und alles zu überdenken. Meditation schließt sowohl Aktivität als auch Ruhe ein. Sie entfaltet sich zwischen diesen beiden Polen. Somit ist Meditation nichts „Exotisches", sondern etwas sehr „Praktisches".

Ein meditatives Leben ist geprägt von Liebe, Güte und Verständnis sich selbst und anderen gegenüber. Die schlechten Eigenschaften, welche die Menschen untereinander entzweien, sind „anti-meditativ", sind einfach unmenschlich. Vor lauter „Kompliziertheit" vergessen wir heute oft das Einfache.

Das Geheimnis der Meditation liegt darin, im Alltag Gutes zu denken und zu tun.
Äußere Techniken und Riten sind dabei zweitrangig.

*** **Ich gestalte heute meinen Tag meditativ und gehe mit mir und anderen liebevoll um.**

Rückkehr ins *Paradies*

Jeder von uns hat von der Vertreibung aus dem Paradies gehört. Adam und Eva aßen vom Baum der Erkenntnis und unterschieden von nun an Gut und Böse. Vorher lebten sie in wohltuender Einheit und waren liebevoll mit allen Wesen verbunden.

Mit der Erkenntnis der Gegensätzlichkeit nahm der große Bewusstwerdungsprozess seinen Anfang. Dieser Prozess eröffnete uns Menschen ungeahnte Möglichkeiten, brachte aber auch große Gefahren mit sich. Die Entwicklung ist nicht wieder umkehrbar, wir können sie aber vollenden. Wir können bewusst mit unseren Erkenntnissen und Erfahrungen die verlorene Einheit wieder schauen und in ihr leben.

Ein Bild mag diesen Kreislaufprozess veranschaulichen. Die Wassertropfen des Meeres verdunsten, steigen zum Himmel, kehren als Regen auf die Erde zurück und versinken in ihr. Als Quelle sprudeln sie wieder ans Tageslicht, werden zum Bach, zum Fluss und Strom und kehren schließlich wieder ins Meer zurück.

Auch wir können nach all den Bewusstseinserfahrungen durch die Liebe wieder zurückkehren in die paradiesische Einheit, die wir einst verließen. Aus unserer anfänglich unbewussten Liebe wurde eine bewusste Liebe. In ihr hat alles Platz, auch das Unterscheidungsvermögen. Diese wissende Liebe ist keinen Schwankungen mehr unterworfen, sie ist bedingungslos. Die Vertreibung aus dem Paradies ist damit beendet. Niemand kann uns mehr daraus verbannen, nur wir selbst, wenn wir wieder aus der Liebe fallen. Die Rückkehr aber steht uns jederzeit offen.

Das 20. Jahrhundert war eine Zeit, in der wir aus dieser Einheit fielen, eine Zeit der Analyse und Bewusstwerdung. Im 3. Jahrtausend suchen wir wieder das verlorene Paradies der Einheit. Natürlich können wir den Weg dorthin nicht wie eine Urlaubsreise buchen. Jeder muss seine Aufgaben erfüllen, seine Fehler verbessern.

Spüre in Deinem Leben nach, welche Erfahrungen Du diesbezüglich gemacht und welche Konsequenzen Du gezogen hast. Wenn Dir alles bewusster wird, dann wirst Du Dich immer mehr für die Liebe entscheiden, die Dich schließlich heimführt.

Nichts und niemand kann uns aus dem Paradies vertreiben. Allein unsere Gedanken und Handlungen sind dafür verantwortlich.

****** Ich sehe heute alles Leben als Einheit.***

Vom Sein

In unserer Kultur und Erziehung unterschätzen wir gewöhnlich den Zustand des Seins, der alles umfasst. Wir überschätzen hingegen gewisse Teilfunktonen wie Denken, Reden, Beurteilen. R. W. Emerson, der große amerikanische Dichter und Philosoph, sagt dazu: „Ich höre Deine Worte nicht, Dein Sein spricht so laut aus Dir."

Während Worte und Gefühle trügen können, ist unsere Ausstrahlung nicht manipulierbar. Kinder leben normalerweise im Paradies des Seins. Sie verkörpern noch Ganzheitlichkeit und Integrität. Das fasziniert uns an ihnen immer wieder, weil wir selbst diese „Unschuld" verloren haben.

Das Sein ist Ursprung und Ziel. In ihm ist alles enthalten, auf dem Boden seines wohltuenden Schweigens kann alles gedeihen. Hier herrscht tiefste Ruhe und höchste Kreativität. Unser Sein ist die Quelle unseres Glücks. Fallen wir heraus, so bewirkt das früher oder später immer Unglück.

Erinnern wir uns an die Gipfelerlebnisse in unserem Leben. Es sind Seins-Erlebnisse. Jeder von uns hat seine eigenen Erfahrungen.

Wenn wir diese Seinsqualität einmal erfahren haben, dann können wir uns immer wieder ihrem Zauber überlassen. Wir brauchen dazu keine Sensationen, weil unser innerer Zustand viel mehr zu geben hat.

Heute werden überall Meditationskurse angeboten. Wenn es uns gelingt, in unserer geschwätzigen Welt in die innere Stille einzutauchen, so befinden wir uns in unserer Mitte, in Meditation. Hier finden wir eine Oase in der Wüste unserer Welt.

In unserer Zeit überdeckt der Schein häufig das Sein.
Worte und Worthülsen betrügen uns und die Welt.

*** **Ich suche heute immer wieder**
die Oase meines Seins auf.

Die Sonne

Die Sonne kann uns allen ein leuchtendes Vorbild für Wärme und Liebe allem Leben gegenüber sein. Sie wertet nicht und verurteilt nicht, sondern umfasst alles liebevoll. Wir hingegen „färben" häufig andere Menschen und Dinge durch die Brille von Sympathie und Antipathie. Hörst Du nicht die eindringliche Frage der Sonne: „Warum begegnet ihr einander nicht so liebevoll, wie ich euch allen begegne?"

Freilich lehrt die Sonne uns auch Abstand: „Stellt euch vor, ich würde euch aus lauter Liebe heraus zu nahe rücken. Dann würde ich eure Erde und euch selbst verbrennen. Liebe und Weisheit müssen stets Hand in Hand gehen." Und weiter sagt uns die Sonne, dass viele unserer Schwierigkeiten daher kommen, weil wir unser Licht unter den Scheffel stellen. Deshalb meinen wir, es von anderen borgen zu müssen, so wie sich der Mond sein Licht von der Sonne leiht. Das macht uns unselbstständig. Strahlen uns andere an, sind wir himmelhochjauchzend, wenden sie sich ab, so fühlen wir uns zu Tode betrübt. Die Sonne ermahnt uns, uns nicht von anderen abhängig zu machen. Jeder soll seinem eigenen Licht auf seinem Wege vertrauen.

Die Sonne lehrt uns auch Unabhängigkeit ihr selbst gegenüber, denn oft ist sie hinter Wolken verborgen, und in der Nacht wendet sich die Erde von ihr ab. Jeder von uns möge seine eigene innere Sonne entdecken, die immer scheinen kann. Von ihr sagen die Weisen, dass sie heller sei als tausend äußere Sonnen. Ein Dichter schrieb: „Du selbst musst Sonne sein."

Wie selten begegnen wir Menschen, die wie die Sonne alles mit ihrem Licht vergolden.
Die meisten von uns knüpfen ihre Liebe an Bedingungen.

***Ich begegne heute allen Menschen „sonnengleich".**

Sonne und Mond

Jeder von uns liebt den Glanz und die Wärme der Sonne, ohne die kein Leben möglich ist. Als Verliebte genießen wir bisweilen auch den Mond und seine Heimlichkeit. Der Vollmond „verwandelt" die Nacht beinahe zum Tag. Doch über die Kraft der Sonne verfügt er nie.

Die Sonne produziert durch gewaltige Explosionen ihre eigene Wärme, ihr eigenes Licht. Sie ist voller Energie und braucht sich keine zu borgen. Der Mond hingegen hat kein eigenes Licht. Er muss es sich von der Sonne leihen und ist somit von ihr abhängig.

Wir Menschen gleichen diesen Himmelskörpern. Die einen ähneln mehr der Sonne, sie sind stark und unabhängig. Die anderen gleichen mehr dem Mond, sie sind schwach und abhängig. Dabei spielt auch unsere Veranlagung eine Rolle. Allerdings können wir diese durch eigenes Denken und Tun verbessern oder verschlechtern. Ein starker Löwe, der ständig auf der faulen Haut liegt, wird immer mehr von seinem Glanz verlieren, während ein schwaches „Mondblümchen", das an sich arbeitet, prächtige Blüten entwickeln kann.

Du hast sicher schon einmal erlebt, wie du plötzlich „im Dunkeln" standest, als Dich jemand sitzen ließ, dem Du Dich voll hingegeben hast. Aber diese Not ist not-wendig, um aus Abhängigkeiten herauszukommen und selbst-ständig, „selbst-scheinend" zu werden. Und für jeden Abhängigen kommt einmal die Stunde, in der er verlassen wird. Es ist daher besser, schon in guten Zeiten die eigene Kraft, das eigene Licht zu finden. Das ist nicht nur für uns selbst wichtig, sondern auch für unsere Mitmenschen, denen wir nun wiederum Licht geben können.

Es ist ein großer Unterschied, ob wir als „Mondmensch" um Licht betteln oder ob wir als „Sonnenmensch" unseren Weg gehen und überall Wärme und Licht verbreiten. Wenn sich Sonnennaturelle vereinen, entsteht eine gewaltige Macht. Tun sich aber „Mondmenschen" zusammen, so gibt das meist nur einen Schimmer in der Dunkelheit.

Wir wissen, dass beim Radfahren der Dynamo am meisten Licht liefert, wenn wir kräftig durchtreten. Wer wie eine „lahme Ente" fährt, dessen Licht leuchtet nur spärlich.

Wir haben heute viel zu viele „Mondgesichter" und „Mondherzen". Was wir brauchen, sind Sonnen, die bedingungslos lieben können. Da alles ja immer wieder zu uns zurückkehrt, tut unser sonnenhaftes Verhalten natürlich auch uns selbst gut.

*Die Sonne ist für uns ein leuchtendes Beispiel von Unabhängigkeit.
Am Mond können wir die Nachteile der Abhängigkeit erkennen.*

***Ich will heute ein strahlender „Sonnenmensch“ sein.**

Tugenden als Schutzengel

Engelbücher überschwemmen zurzeit den Markt. Engel sind wieder einmal „in". Wir werden angeleitet, unsere eigenen Engel zu entdecken, mit ihnen zu sprechen, sie um Rat zu fragen. In unseren Kirchen waren sie schon seit jeher zu Hause, aber nun fühlen sich immer mehr Menschen von ihnen auch im Alltag angesprochen.

Wir wären alle schon lange nicht mehr am Leben, wenn uns unsere Schutzengel nicht oft aus großer Gefahr befreit hätten. Meistens sind wir uns dessen nicht bewusst, aber hie und da ahnen wir, dass wir auf diese Weise beschützt wurden.

Ich selbst kann mich an viele solcher Situationen in meinem Leben erinnern. Und oft denke ich dankbar: „Wenn ich da keinen Schutzengel gehabt hätte, wäre es schlimm ausgegangen." Auch Du wirst Deine eigenen Erfahrungen gemacht haben oder wirst sie noch machen.

Engel sind Helfer Gottes, die in seinem Auftrag und gemäß seiner Gesetze handeln. Sie unterstehen also dem Gebot Gottes und können nicht eigenständig entscheiden. Eines ist dabei aber zu bedenken: Unserer Bitte um Hilfe dieser himmlischen Wesen wird nur entsprochen, wenn wir unsere Tugenden leben. So darf z. B. der Engel der Liebe nur zu uns kommen, wenn wir selbst Liebe üben. Ansonsten ist ihm der Zutritt verwehrt. Und so ist es auch mit den anderen Engeln, die wir zu uns bitten. Wenn wir nicht die entsprechende Eigenschaft verkörpern, verwehren wir ihm den Zugang. So können wir unsere guten Eigenschaften als unsere Schutzengel bezeichnen.

Wir haben sicher alle schon einmal gespürt, dass bei schlechten Gedanken und Handlungen uns ganz andere Wesenheiten umgeben als bei guten. Bei den ersten sind wir umzingelt von furchterregenden Gestalten, während wir bei den guten wie von Lichtwesen getragen werden. Diese Erlebnisse sind zwar mit unseren äußeren Sinnen nicht zu erfassen, aber zuweilen deutlich spürbar.

Um also mit Engeln schöne Begegnungen zu haben, um von ihnen Hilfe und Schutz erwarten zu dürfen, müssen wir an unseren Tugenden arbeiten. Diese öffnen uns dann die Türen zu den Engeln. Auch hier sehen wir, dass wir zuerst einmal uns selbst ändern müssen, bevor sich unsere Umwelt wandeln kann.

Die Mehrzahl der Menschen ist ständig dabei, alles verändern zu wollen, nur nicht sich selbst. Ein großer Weiser schrieb einmal: „Andere ändern zu wollen, führt zu Krieg auf allen Ebenen. Sich selbst ändern und in Frieden leben – und alles ist verändert."

Erlebe selbst immer wieder, wie Du mit der Arbeit an Dir Deine Engel herbeirufen kannst, damit sie Dir zur Seite stehen. Nimm Deine guten Eigenschaften als Einladung an diese Helfer Gottes. Kinder sind gewöhnlich von Engeln besonders beschützt. Sie sind noch nicht von den vielen schlechten Charaktereigenschaften infiziert, die wir Erwachsene oft haben. Ihr Herz ist noch voller Liebe.

Für uns alle ist die Begegnung mit Engeln möglich. Allerdings müssen wir dazu an unserem Charakter arbeiten.

***Ich arbeite an mir, damit meine Engel mich beraten und beschützen können.**

Vergängliches und Unvergängliches

In der Kindheit und Jugend können wir noch nicht zwischen Vergänglichem und Unvergänglichem unterscheiden. Meist glauben wir, dass alles so bleibt, wie es ist. Wir sehen uns selbst ewig jung und gesund. Wir erleben uns in einem nicht endenden Lebensfrühling und können uns kaum vorstellen, dass eines Tages Alter und Tod auch auf uns zukommen. Das merkwürdige Gerede der Erwachsenen belustigt uns eher, als dass es uns belehrt.

Aber eines Tages stellen wir fest, dass vieles im Eilzugtempo vorüberhuscht, was wir für beständig hielten. Einige unserer Bekannten sind krank geworden, andere sind schon gestorben. Auch unsere eigenen Wünsche und Ziele haben sich verändert. Unbeständigkeit und Vergänglichkeit begleiten ab jetzt unser Leben. Je eher wir lernen, zwischen Vergänglichem und Unvergänglichem zu unterscheiden, umso eher können wir unser Leben selbst in die Hand nehmen.

Sicher hast Du Dir über all das auch schon Gedanken gemacht, wenn Du z. B. nach vielen Jahren oder gar Jahrzehnten an altbekannte Orte zurückgekehrt bist. Was hat sich da nicht alles im Zentrum, aber auch an der Peripherie verändert! Du kanntest Dich plötzlich nicht mehr aus. Die markanten Berge stehen zwar heute noch genauso da wie früher, doch an den Straßen und Gebäuden ist sehr viel, wenn nicht gar alles, anders geworden. Der Zug der Zeit rast durch die Landschaft, während die Landschaft selbst meist unverändert „steht".

Wir suchen alle Sicherheit und Beständigkeit und haben Angst vor Veränderungen. Erst wenn wir zwischen Vergänglichem und Unvergänglichem unterscheiden lernen und uns dann an das Unvergängliche halten, weicht die Angst. Was bleibt schließlich? Es ist Gott, in welcher Form Du ihn auch immer erlebst. Es geht auch keine Energie verloren, obwohl sich ihre Form immer wieder wandelt. Das haben die modernen Wissenschaftler bewiesen.

Jeder von uns erfährt Vergängliches und Unvergängliches auf seine Art und Weise. Und jeder benötigt Unvergängliches als einen Anker für die wechselhaften Zeiten des Lebens.

Sinnvolle Lebensführung beginnt mit dem Unterscheidungsvermögen von Vergänglichem und Unvergänglichem.

***Ich werde heute das Unvergängliche nicht aus den Augen verlieren.**

Affirmationen

- Ich setze gegenständliches und abstraktes Denken sinnvoll ein.
- Ich nehme heute mit dem Atem das Steuer meines Lebens in die Hand.
- Ich gehe heute unverzüglich meine „Aufschieberitis" an.
- Ich verarbeite täglich die vielfältigen Eindrücke durch geeignete Ausdrucksmöglichkeiten.
- Ich schütze und erhalte meine Gesundheit durch positive Eigenschaften.
- Ich achte heute darauf, welche geistigen Einflüsse ich in meine Wohnung lasse.
- Ich will heute eine Brücke bauen zwischen meiner Innenwelt und der Außenwelt.
- Ich werde heute meine Gedanken und Gefühle kontrollieren, um über genügend Energie zu verfügen.
- Ich werde heute meine Arbeit aus der Entspannung heraus tun.
- Ich werde heute bewusst zwischen Befriedigung und Freude unterscheiden.
- Ich stelle mich heute allen Herausforderungen.
- Ich lebe heute mit ausschließlicher Konzentration im Hier und Jetzt.

- Heute erweitere ich meinen Horizont.
- Ich lasse mich heute nicht hinters Licht führen.
- Ich sehe heute in den Gegensätzen wertvolle Ergänzungen.
- Ich betrachte meine Arbeit als Gnade, die Selbsterkenntnis ermöglicht und mir den rechten Weg zeigt.
- Bei jeder geeigneten Gelegenheit übe ich heute zu lächeln oder zu lachen.
- Ich übernehme heute die volle Verantwortung für mein Leben.
- Ich bemühe mich um Ausgeglichenheit.
- Ich nutze die Musik für Harmonie und Energie.
- Durch mein neugewonnenes Wissen kann ich meine Organe pflegen.
- Ich entscheide heute, wo Anpassung oder Originalität angebracht ist.
- Ich werde heute auf äußere und innere Reinheit achten.
- Ich achte heute darauf, dass meine Reserven unangetastet bleiben.
- Ich bin mir bewusst, dass alle Gaben Leihgaben sind.
- Ich achte heute auf meine Gedanken und Handlungen, um gut zu schlafen.
- Ich achte auf meine Lebensführung und tilge alte Schuldgefühle aus meinem Bewusstsein.
- Ich achte darauf, dass mein wahres Selbstbild durch nichts und niemanden verfälscht wird.
- Heute handle ich zu meinem eigenen Schutz liebevoll und besonnen.
- Ich genieße heute all die vielen Einblicke und Ausblicke.
- Heute überlege ich mir genau, wo ich „einsteige".

- Ich fange heute mit dem Tanzen an.
- Unberührtheit lässt mich mein Ziel geradlinig verfolgen.
- Ich verankere mich in meinem göttlichen Selbst.
- Ich will nicht die Fehler im Äußeren suchen, sondern in mir selbst.
- Heute betrachte ich alles von verschiedenen Standpunkten aus.
- Ich nutze heute jeden Augenblick meiner wertvollen Zeit.
- Ich bewahre mir die wohltuende Wirkung der Zufriedenheit.
- Ich übe heute „Ausweichmanöver" und gewinne dadurch Zeit und Energie.
- Ich arbeite heute an mir, um meine Beziehung zu verbessern.
- Ich übe mich heute in einer achtungsvollen Distanz, die mir und anderen gut tut.
- Ich will heute verstehen, was mir meine Enttäuschungen sagen wollen.
- Ich will heute nicht nur nehmen, sondern auch geben.
- Ich mache mein Leben zu meiner Botschaft.
- Ich lebe in liebender Losgelöstheit.
- Ich achte heute auf einen freundlichen Umgang mit meinen Mitmenschen.
- Ich sehe hinter dem Neid eine versteckte Anerkennung.
- Heute übe ich mich in der Nicht-Identifikation.
- Ich will heute hinter allem den Schrei nach Liebe erkennen.
- Ich werde heute alte negative Suggestionen erkennen und beseitigen.
- Ich will heute Altes loslassen.
- Ich sehe Bäume als Lehrer an und will von ihnen lernen.

- Ich allein entscheide, welche Gedanken und Gefühle ich „hereinlasse".
- Heute glaube ich an mich selbst und handle entsprechend.
- Die freudlos-leidlose Gleichmutsachtsamkeit soll mich stets begleiten.
- Wenn ich meine Arbeit mit vollem Einsatz verrichte, darf ich auch mit Gottes Gnade rechnen.
- Ich erlebe heute Gottes Nähe und genieße sie.
- Ich schlage stets eine Brücke zwischen Gott und der Welt
- Ich werde die Botschaften der Natur für mein Leben nutzen.
- Ich gestalte heute meinen Tag meditativ und gehe mit mir und anderen liebevoll um.
- Ich sehe heute alles Leben als Einheit.
- Ich suche heute immer wieder die Oase meines Seins auf.
- Ich begegne heute allen Menschen „sonnengleich".
- Ich will heute ein strahlender „Sonnenmensch" sein.
- Ich arbeite an mir, damit meine Engel mich beraten und beschützen können.
- Ich werde heute das Unvergängliche nicht aus den Augen verlieren.

Nachwort

Jede der Geschichten kann für uns zu einem Licht werden, das unseren Weg erhellt.

Oft versuchen wir, gegen das Dunkel zu kämpfen und dem Übel zu widerstehen. Dabei verlieren wir viel Zeit und Energie und erreichen letztlich nichts.

Mit dem Sonnenaufgang verschwindet die Nacht. Lassen wir unser Licht leuchten, weicht die Dunkelheit von alleine. Wir können zwar nicht die Welt verändern, jedoch uns selbst – und damit verändert sich alles.

Register

Seminare mit Peter und Konstanze Keller

Die Workshops („Power-Seminare") sind geeignet, das ganze menschliche Potenzial zu entfalten. Sie sind ein Abendteuer, das Körper, Geist und Seele einschließt und harmonisch miteinander verbindet. Die Stimme spielt dabei eine gewisse Rolle, da sie für alle Bereiche Diagnose und Therapie bietet.

Bei den Teilnehmern aller Alters- und Berufsgruppen zeigte sich immer wieder eine umfassende Persönlichkeitsentfaltung.

Seminarthemen sind u. a.

- Aktivierung der Lebensenergie
- Beseitigung von Energieblockaden
- Stressabbau und Krisenbewältigung
- Selbsterfahrung – Selbstheilung
- Die Stimme als Energiequelle

Kontaktadresse

Institut für Persönlichkeitsentwicklung
Energietraining – Stimmbildung
Peter K. Keller
Postfach 209 • Michel-Marti-Str. 17
D-88427 Bad Schussenried
Tel. 07583 / 4413 • Fax 07583 / 4311
e-mail: pk.keller@t-online.de
www.peterklauskeller.de

Weitere Bücher aus dem Verlag Via Nova:

Wo Engel gehen auf leisen Sohlen

Wie Sie Beziehungen erfolgreich und harmonischgestalten können
Chuck Spezzano

Hardcover, 304 Seiten, ISBN 978-3-86616-056-9

„Narren stürmen blind voran, wo Engel gehen auf leisen Sohlen." Unter diesen von dem britischen Schriftsteller Alexander Pope geprägten Satz stellt Chuck Spezzano sein neues Buch. Wieder einmal geht es um menschliche Beziehungen, und wieder einmal ist es dem weltbekannten Lehrer und Experten in der Kunst von Beziehungen hervorragend gelungen, seine neuesten Erkenntnisse auf unterhaltsame, spannende und zugleich unnachahmlich umorvolle Weise zu Papier zu bringen. In 101 abgeschlossenen Kapiteln zeigt er anhand zahlreicher „wahrer Begebenheiten" aus seinem eigenen Leben und praktischer Beispiele aus den unzähligen Seminaren, die er seit vielen Jahren auf der ganzen Welt leitet, in welche Beziehungsfallen Menschen tappen und wie sie sich schnell und erfolgreich daraus lösen können, um ihre Beziehungen zu einem wahren „Kunstwerk" zu gestalten. Der „neue Spezzano" zeigt einmal mehr richtungweisende psychologische und spirituelle Wege auf, die uns zu glücklichen Beziehungen und damit auch zu einem glücklicheren Leben führen können.

Leben wie neu geboren

Noch einmal
• ganz anders anfangen • ganz anders denken
• ganz anders handeln
Matt Galan Abend

Hardcover, 128 Seiten, 10 Zeichnungen, ISBN 978-3-86616-088-0

Was würden Sie alles anders machen, wenn Sie Ihr Leben noch einmal von vorne beginnen könnten? Auch Sie können tatsächlich so etwas wie eine zweite Geburt erleben, Ihr Leben noch einmal ganz neu betrachten, ganz neu ordnen, ganz andere Schwerpunkte setzen und damit auch zu einer ganz neuen Beziehung zu sich selbst und zu Ihrem Leben finden.Wie die grundsätzliche Neuorientierung eines Lebens möglich ist, zeigt der Autor am praktischen Beispiel eines Rechtsanwalts, der seine Ängste und einengenden Prägungen überwinden konnte und damit eine ganz neue Qualität in sein Leben brachte. Die flüssige, meist humorvolle, z.T. auch ironische Sprache des Autors und das lebensechte Beispiel garantieren eine spannende Lektüre. Seine direkte Ansprache, Überlegungen und Empfehlungen überzeugen auf Anhieb. Ein Buch, das auch Ihr Leben verändern kann.

Kreative Wunscherfüllung

Die kosmischen und irdischen Gesetze des Wünschens

Hans Vater

Taschenbuch, 288 Seiten, ISBN 978-3-86616-093-4

Hans Vaters praktisches und zugleich tiefgründiges Weisheitsbuch gibt Methoden und Techniken an die Hand, unsere Wünsche zu verwirklichen. Es analysiert eingehend die Gesetze und Prinzipien, die hinter den einzelnen Wunschtechniken stehen und sie wirksam machen. Diese Gesetze sind die Regeln des großen kosmischen Schöpfungsspiels, welches wir in Gottes Auftrag mitgestalten, und dessen Ziel es ist, uns zu der Einheit zurückzuführen, die wir in Wahrheit nie verlassen haben. Das Buch zeigt uns, wie wir durch die Anwendung der mächtigen Seinsgesetze unser Leben gesünder, glücklicher und erfolgreicher gestalten können. Das Verständnis dieser Gesetze hinterlässt beim Leser ein tiefes Gefühl der Geborgenheit und des Vertrauens in ein geordnetes und liebevolles Universum.

27 Perlen der Weisheit von Willigis Jäger

Keiko Nimura-Eckert (Hrsg.)

Gerd Aumeier (Fotoillustrationen)

Hardcover, 96 Seiten, 13 farbige Illustrationen
ISBN 978-3-936486-44-5

Der bekannte Zenmeister und Kontemplationslehrer Willigis Jäger ist heute für viele Menschen zu einem Wegbegleiter auf dem Weg nach innen geworden. Eine langjährige Schülerin von Willigis Jäger, die Japanerin Dr. Keiko Nimura-Eckert, hat 27 Texte aus den Veröffentlichungen ihres Meisters mit Liebe und Achtsamkeit ausgesucht. (Die Zahl 27 ist in Japan eine heilige Zahl spirituellen Wachstums.) Sie geben Antwort auf die Grundfragen des Lebens, die heute so viele Menschen bewegen. Der Fotodesigner und Künstler Gerd Aumeier hat aus seiner eigenen meditativen Praxis schöpfend mit einer durchgehenden visuellen Symbolsprache spirituelle Inhalte in künstlerischen Farbillustrationen sichtbar gemacht. So ist ein attraktiver Band mit spirituellem und künstlerischem Tiefgang entstanden, der nicht nur zur persönlichen Besinnung einlädt und der Wahrheits- und Sinnsuche dient. Er ist sowohl in seiner äußeren Form als auch vom Inhalt her als ein anspruchsvolles Geschenk geeignet.

Zen oder wie ein Samurai Golf spielen

Ulrich Nitzschke

Geschenkbüchlein, Hardcover, 120 Seiten, ISBN 978-3-86616-092-7

Worin liegt das Erfolgsgeheimnis der Golf-Legende Tiger Woods? Was haben Golf, Meditation und die traditionellen Kampfkünste Asiens gemeinsam? Wie lernt man mit den mentalen Fähigkeiten, die Golf vermitteln kann, die Herausforderungen des Alltags zu meistern? Auf der Grundlage langjähriger eigener Erfahrungen mit Zen, der humanistischen Psychologie, verschiedenen modernen Sportarten und traditionellen spirituellen Übungswegen beschreibt der Autor kenntnisreich und einfühlsam die überragende Rolle, die das Bewusstsein im Golfsport spielt, und entwickelt daraus wirksame Trainingsmethoden und hilfreiche Visionen für die spielerische Praxis. Das Buch zeigt auf, wie Golf für den gestressten westlichen Menschen zu einem Übungsweg persönlichen und spirituellen Wachstums werden kann, wie er sich im Osten unter dem Einfluss des Zen aus den Kampfkünsten der Samurai herausgebildet hat.

Kraftquelle Lächeln

Ihr Schlüssel zu Gesundheit, Schönheit, Erfolg, persönlicher Lebensfreude und spirituellem Wachstum

Ursula Rücker-Vennemann

Hardcover, 176 Seiten, ISBN 978-3-936486-82-7

Die Fähigkeit zu lächeln ist uns von der Natur mitgegeben worden. Dieses Lächeln ist nicht nur eine stärkende Verbindung zwischen zwei Menschen und hat nicht nur eine unmittelbar positive Wirkung auf den ganzen Körper, es baut auch Brücken in die spirituelle Welt. Das Buch „Kraftquelle Lächeln" ist ein praktischer und anschaulicher Ratgeber. Es macht auf anschauliche Weise deutlich, auf welche Weise sich Lächeln auf den Organismus und die Funktion der Gehirnzellen auswirkt. Wir können dieses Lächeln deshalb nutzen als Heilkraft für unsere körperliche, emotionale und geistige Gesundheit; Fitmacher für unsere Gehirnzellen; Jungbrunnen und Schönheitselixier; Brücke des Vertrauens zu anderen Menschen; zur Stärkung unserer persönlichen Lebensfreude und als Quelle für spirituelles Wachstum. Deshalb ist das Lächeln das zentrale Thema dieses Buches. Es werden nicht nur Fakten und Hintergrundinformationen vermittelt, sondern auch viele ausführliche Meditationsanleitungen zum „inneren Lächeln" angeboten, die Ihnen helfen, sich diese Kraft bewusst und ihre positive Wirkungen dauerhaft zu Eigen zu machen.

Die Lamafrau

Mit Mut in ein neues Leben

Maria Köllner

Paperback, 200 Seiten, ISBN 978-3-86616-072-9

In diesem Buch wird die authentische Geschichte einer Frau erzählt, die sich auf eine lange Suche nach dem Traum ihrer Kindheit begibt - einem Hof mit Tieren. Mit Mut und einem wachsenden Vertrauen in einen „Weltenlenker", der sie sicher führt, findet sie ihren Weg in ein glückliches Leben, das Probleme natürlich nicht ausschließt. Zu einer Schlüsselfigur wird das Zirkuslama „Sancho" - deshalb auch der Name „Lamafrau", den sie sich selbst gibt, als sich ihr Traum zu erfüllen beginnt. Dieses Buch soll dem Leser Mut machen, das Leben vertrauensvoll im Glauben an sich selbst und an eine höhere, wohlwollende Macht zu meistern, alte Räume und Verletzungen hinter sich zu lassen und Neues zu wagen. Die Autorin möchte ein gefühlvolles Verständnis für die Natur und besonders für Tiere vermitteln, die auf dem neuen Weg ihre Lehrer wurden. Die „Mutregeln" nach jedem Kapitel sind ein Resümee und gleichzeitig eine Ermunterung für die Leser.Wer einen Wegweiser für sich und Ermutigung sucht, wird in diesem Buch beides finden.

Wege der Achtsamkeit

Über die Ethik der gewaltfreien Kommunikation

Claus Eurich

Hardcover, 176 Seiten, ISBN 978-3-86616-089-7

Der Mensch ist Kommunikation. Jedes Wort, jede Geste, alles Tun und Nicht- Tun enthält eine Botschaft. In der Weise unseres Kommunizierens mit der Um- und Mitwelt, mit unserer Innenwelt und mit dem göttlichen Bereich erweist sich zugleich die Tiefe unserer ethischen und spirituellen Beheimatung. In drei Abschnitten geht dieses Buch der Beziehung von Spiritualität, Ethik und Kommunikation nach. Ein wesentlicher Fokus liegt dabei auf der wechselseitigen Verbundenheit allen Seins. Der Entwurf eines integralen Ethos mündet schließlich in grundlegenden und zugleich konkreten Schritten einer gewaltfreien und empathischen Kommunikation.Wir lernen uns entsprechend auszurichten. Sowohl im Alltagsleben eines jeden Menschen als auch in beruflichen und systemischen Kontexten kann dies eine große Hilfe auf dem Weg achtsamer Lebensgestaltung sein.